JN116192

この本をあなたに贈ります。

　　　　　　　　　　　　　　　　　　様

　　　　　　　　　　　　　　　　　　より

　　　　　年　　　月　　　日

ひと時の黙想 主と歩む365日

著者　マックス・ルケード
翻訳　日本聖書協会

組版・装丁　長尾 優
挿　　絵　iStock.com/Kate Macate
　　　　　iStock.com/Elena Medvedeva
　　　　　iStock.com/Eugenia Klein

Originally published under the title; *Walking with the Savior*.
Copyright ©1993 by Max Lucado
Quotations from Max Lucado compiled by Karen Hill.
Japanese edition ©2020 by Japan Bible Society
All rights reserved.

『聖書 聖書協会共同訳』©日本聖書協会 2018

2020年11月1日　　初版発行
2020年12月15日　　第2刷

発行
一般財団法人 日本聖書協会
東京都中央区銀座四丁目5-1
電話 03-3567-1987
http://www.bible.or.jp/

ISBN 978-4-8202-9273-9
Printed in China
JBS-ed.2-3,000-2021
乱丁本、落丁本はお取り替えいたします。

ひと時の黙想
主と歩む365日

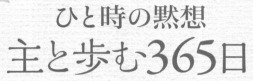

Walking with the Savior
Max Lucado

マックス・ルケード

日本聖書協会

日本語版発行にあたって

『ひと時の黙想 主と歩む365日』は、毎日の御言葉と、ひと言メッセージで構成されています。日々、ひと時の黙想のうちにキリストを求めましょう。主はあなたと共に信仰の道を歩んでくださり、あなたの足元を明るく照らしてくださいます。

本書の聖句は、最新の日本語訳「聖書協会共同訳（2018年）」から引用しました。

短くも深いメッセージは、優れた霊性で知られるマックス・ルケードの著作から、文章を集めたものです。ルケード（1955年生まれ）は、現代のキリスト教界で最も影響力のある作家の一人であり、米国テキサス州サンアントニオのオークヒルズ・チャーチに牧師として仕えています。

ルケードは、キリストの十字架による私たちの救いと、神が私たちに与えてくださる限りない赦しと恵み、そして自由について語り、赦すこと、祈ることへと私たちを導きます。日を追うごとに、キリストにある自由とその意味が心に染み込み、さらに主に従い、真にキリストに似たものとされたいという思いが新たになることでしょう。

読者の皆様の365日の歩みに、主の祝福が豊かにありますように。

日本聖書協会

1月

January

国籍は天に

私たちの国籍は天にあります。そこから、救い主である主イエス・キリストが来られるのを、私たちは待ち望んでいます。

フィリピの信徒への手紙 3:20

新年にはことのほか、時があまりに早く過ぎ去るということを感じます。

しかし天に国籍を持つ私たちは、過ぎ行く時間におびえる必要はありません。私たちには、主と共に永遠に生きる希望が与えられているからです。

内 に あ る 平 和

これらのことを話したのは、あなたがたが私によって平和を得るためである。あなたがたには世で苦難がある。しかし、勇気を出しなさい。私はすでに世に勝っている。

ヨハネによる福音書16:33

　今日、あなたの内には平和がありますか。

　人生が荒れ模様のときには、平和の君イエスに向かって心を開きましょう。主は必ず、人知を超えた平和で包んでくださいます。

高みに住まう

私が主に願った一つのこと
私はそれを求め続けよう。
命のあるかぎり主の家に住み
主の麗しさにまみえ
主の宮で尋ね求めることを。

詩編 27:4

　主イエスは、私たちの心の暗い闇へと入って来られ、御力によって私たちを引き上げ、本来の居場所へと戻してくださいました。今、私たちの心と魂は安全な所にあります。神と共に高みに住まっているからです。

　主の安全な家から、今日も安心して歩み出しましょう。

祈りを通して

祈（いの）りを聞いてくださる方よ

すべての肉なる者はあなたのもとに来ます。

詩編 65:3

　私たちは、祈りを通して「キリストが私たちの内におられるから、私たちはもはや闇（やみ）の中を迷うことはない」ということを知ることができます。

　神は私たちの問題に関わってくださるお方、私たちはただ神の憐（あわ）れみによって引き上げられた者です。祈ることで、私たちは、神がどのようなお方であり、自分が何者なのかを思い出すのです。

赦し

もしきょうだいが罪を犯したなら、戒めなさい。そして、悔い改めれば、赦してやりなさい。一日に七回あなたに対して罪を犯しても、七回あなたの方を向いて、「悔い改めます」と言うなら、赦してやりなさい。

ルカによる福音書17:3-4

　人を赦すとき、あなたは限りなく神の近くにいます。赦しとは、憐れみ深い主の心を実践することだからです。

　もっと神を理解し、神のそばに行きたいと望むなら、今日、人を赦しましょう。

光と力の源

この書物は、キリスト・イエスへの信仰を通して救いに至る知恵を与えることができます。

テモテへの手紙二 3:15

　父よ、私たちに御言葉の大切さを分からせてください。あなたがくださった聖書は、私たちの光と力の源です。そこにある宝を見つける機会を与えてくださり、感謝します。

　また、あなたの言葉を聞いたことのない人たちに御言葉を運ぶ人々を、どうぞ祝福してください。

慈しみは天にまで

あなたの慈しみは大きく、天にまで及び

あなたのまことは雲にまで及ぶ。

詩編 57:11

　父よ、あなたの慈しみには限りがありません。あなたの憐れみなくしては、この世は続いていないはずです。それなのに、私たちは感謝もせずに物を食べ、当然のように空気を吸っています。あなたはそれでもなお、憐れみと赦しを与え続けてくださいます。

　私たちの思いをはるかに超える、あなたの大きな愛に感謝します。

霊の結ぶ実

霊の結ぶ実は、愛、喜び、平和、寛容、親切、善意、誠実、柔和、節制であり、これらを否定する律法はありません。

ガラテヤの信徒への手紙 5:22-23

　悪い癖を直そうとしていますか。罪を克服しようとしていますか。うまくいかなくて、自分を変えてくださる神の力を疑っていますか。

　忍耐しましょう。神は今の悩みを通してあなたを強くし、成長させ、いつの日かあなたが実を結ぶのを助けてくださいます。

謙遜

神の力強い御手の下でへりくだりなさい。

ペトロの手紙一 5:6

　神は謙遜を尊ばれるお方、私たちの人生に働かれ、私たちをへりくだらせてくださるお方です。謙遜は、何にも奪われることのない喜びをもたらすものです。

　へりくだることを学び、決して尽きることのない喜びを得ましょう。

人生の礎

罪に対して死んだ私たちが、どうして、なおも罪の中に生きることができるでしょう。…私たちは、洗礼〔バプテスマ〕によってキリストと共に葬られ、その死にあずかる者となりました。…私たちも新しい命に生きるためです。

ローマの信徒への手紙 6:2,4

　ガリラヤなまりの、ごつごつした手をしたナザレの大工が、ただの人ではなく神の独り子であったことを、私たちは信じています。この信仰のゆえに、私たちの罪は取り去られました。

　この事実を礎として、あなたの人生を築きましょう。死を打ち破られた方を信じる私たちにとって、私たちの命には意味があり、死は力を持ちません。

慰めの御手

主なる神はすべての顔から涙を拭い

その民の恥をすべての地から消し去ってくださる。

イザヤ書 25:8

　私たちが仕えている神は宇宙の造り主です。この神の手は、天の星を造っただけではありません。やもめや虐げられている人の涙を拭った手、あなたの涙をも拭いてくださる手です。

　神の慈しみと慰めの御手を、今日も見上げましょう。

待っておられる主

それゆえ、主はあなたがたを恵もうと待ち
あなたがたを憐れもうと立ち上がる。

主は公正の神であられる。

なんと幸いなことか、すべて主を待ち望む者は。

イザヤ書30:18

　神は大きな夢をお持ちです。その夢とは、何にも増して、あなたを神の国に入れることです。

　とはいえ、神が人間にご自身の思いを押し付けることはありません。主権をお持ちなのは神であるのに、人が自ら神を認めることを、神は待っておられるのです。

心を守る

悪魔に隙を与えてはなりません。

エフェソの信徒への手紙 4:27

　不道徳や物質主義に踊らされているのに、「自分は悪魔に負けない」と思っている人が増えています。しかし悪魔は賢く、強いのです。

　神は御国であなたと永遠に一緒にいることを強く願っておられます。同じくらい強く、悪魔はあなたが永遠に神から離れていることを望んでいます。自分の心を悪魔から守りましょう。

心を騒がせるな

私は、平和をあなたがたに残し、私の平和を与える。私はこれを、世が与えるように与えるのではない。心を騒がせるな。おびえるな。

ヨハネによる福音書 14:27

　生きることに疲れていますか。「私には平安な人生と永遠の命が約束されているはずなのに。死の陰の谷を歩むときさえ、私は恐れないはずなのに」とがっかりしていますか。

　神がご自身の言葉と霊によってあなたの心と信仰を強くし、恐れを取り去ってくださるよう、祈りましょう。

今日の一歩を

明日のことを思い煩ってはならない。明日のことは明日自らが思い煩う。その日の苦労は、その日だけで十分である。

マタイによる福音書 6:34

　人生の問題をたった一日で解決することはできません。今日の一歩を前に進めることだけを考えましょう。

　その日の苦労は、その日だけで十分です。

1月16日

神の織物

あなたの業（わざ）は不思議。
私の魂（たましい）はそれをよく知っている。

私が秘められた所で造られ

地の底で織りなされたとき

あなたには私の骨も隠（かく）されてはいなかった。

詩編139:14-15

　神の美しい織物は二本の糸で織りなされています。一本の糸は、限りなく貴い一人一人の私たち、もう一本は、どこまでも深い神の愛です。
　あなたも神の織物を美しく彩（いろど）る一本の糸であることを、今日も忘れずにいましょう。

主イエスを見つめる

信仰(しんこう)の導き手であり、完成者であるイエスを見つめながら、走りましょう。この方は、ご自分の前にある喜びのゆえに、恥(はじ)をもいとわないで、十字架(じゅうじか)を忍(しの)び、神の王座の右にお座りになったのです。

ヘブライ人への手紙 12:2

キリスト教とは、突き詰めれば、「イエスというお方の姿を見たい」という望みと、そのための努力にほかなりません。私たちがひと目見たいと願っているのは、何かの行事や計画、組織や教義ではなく、一人の人です。ご自身を「神の子」と呼ばれた、その人なのです。信仰の導き手であり、完成者であるイエスを見つめながら、今日も走りましょう。

神の作品

まことにあなたは私のはらわたを造り
母の胎内で私を編み上げた。
あなたに感謝します。
私は畏れ多いほどに
驚くべきものに造り上げられた。

詩編 139:13-14

　朝起きて鏡を見れば、そこには神が詠まれた詩が映っています。不出来な詩だと思うかもしれません。しかし、神は期せずしてあなたを編み上げたのではありません。偶然でも気まぐれでもありません。

　全地にあまねく存在する全知全能の神が、人を造ろうと注ぎ込んだ創造的なエネルギー。その結果が、あなたという存在なのです。

罪人を愛する主

イエスは、身を起こして言われた。「女よ、あの人たちはどこにいるのか。誰もあなたを罪に定めなかったのか。」女が、「主よ、誰も」と言うと、イエスは言われた。「私もあなたを罪に定めない。行きなさい。これからは、もう罪を犯してはいけない。」

ヨハネによる福音書 8:10-11

　主イエスの言動は常に一貫していました。ニコデモを愛しましたが、ファリサイ派の間違った宗教は憎みました。姦淫の女を愛しましたが、姦淫そのものは非難しました。徴税人ザアカイのことも愛しましたが、ザアカイの物質主義は嫌いました。
　主は罪人を愛し、罪を憎んだのです。

不可能も可能に

神にできないことは何一つない。

ルカによる福音書 1:37

　神の愛ゆえに、私たちには不可能も可能になります。「決して登ることなどできない」と思っていた高みにも到達できます。

　神にできないことは、何一つないのです。

勝って余りある

誰が、キリストの愛から私たちを引き離すことができましょう。苦難か、行き詰まりか、迫害か、飢えか、裸か、危険か、剣か。…しかし、これらすべてのことにおいて、私たちは、私たちを愛してくださる方によって勝って余りあります。

ローマの信徒への手紙 8:35,37

なぜ善い人が傷つき、苦しむのか、理不尽だと感じることはないでしょうか。しかし生きる苦しみを味わうほど、主イエスのことがよく分かるものです。暗闇が深いほど、救いの確信が放つ光はなおさら明るいからです。どのような状況にあろうとも、主は必要に応えてくださいます。主にすべてを委ねるかぎり、最終的には、私たちは勝って余りあるのです。

真 の 自 由

私、この私は、私自身のために
あなたの背きの罪を消し去り
あなたの罪を思い起こすことはない。

イザヤ書43:25

　私たちは、罪悪感からも律法主義からも解放された者です。私たちを裁くことができる唯一のお方から、赦された者です。

　神に近づくことを許された今、私たちは心おきなく神に祈り、神を愛することができます。そうです。私たちは真に自由な者とされたのです。

人を赦す

人を裁（さば）くな。そうすれば、自分も裁かれない。人を罪に定めるな。そうすれば、自分も罪に定められない。赦（ゆる）しなさい。そうすれば、自分も赦される。

ルカによる福音書6:37

　どれほど人を赦すことができるか。それは、神に与（あた）えられている赦しの大きさを、私たちがどれほど意識しているかに懸（か）かっています。

天 に 宝 を 積 む

あなたがたは地上に宝を積んではならない。
…宝は、天に積みなさい。…あなたの宝のあ
るところに、あなたの心もあるのだ。

マタイによる福音書 6:19-21

　父よ、必ず失うことになる地上の宝に、私たちの目
がくらむことがありませんように。

　決して失ってはならない永遠の宝を見失わないよ
うに、どうぞ私たちをお守りください。

弱さを誇る

ところが主は、「私の恵みはあなたに十分である。力は弱さの中で完全に現れるのだ」と言われました。だから、キリストの力が私に宿るように、むしろ大いに喜んで自分の弱さを誇りましょう。

コリントの信徒への手紙二 12:9

　自分で頑張ることを良しとする社会に生きている私たちは、御座の前に近づいてひざまずくことをつい忘れがちです。

　自分が弱く、主の助けを必要とする者であることを、いつも忘れないようにしましょう。

罪 な き 方 を 罪 と

神は、罪を知らない方を、私たちのために罪と
なさいました。私たちが、その方にあって神の
義（ぎ）となるためです。

コリントの信徒への手紙二 5:21

　主（しゅ）よ、私たちは、世を愛し抜（ぬ）かれたあなたの前に進
み出ます。あなたは人となって私たちの間に住み、罪
の中にある私たちの姿を御覧（ごらん）になって、その御手（みて）で
罪から救い出してくださいました。
　あなたの救いと憐（あわ）れみに、限りない感謝を献（ささ）げます。

復活の力

私は、キリストとその復活の力を知り、その苦しみにあずかって、その死の姿にあやかりながら、何とかして死者の中からの復活に達したいのです。

フィリピの信徒への手紙 3:10-11

　主の墓が空になったことを忘れることがないように、主イエスの御名によって祈りましょう。

　死を打ち負かし、墓からよみがえられた勝利者イエスを見上げましょう。そして、同じ復活の勝利が自分にも与えられることを、思い出しましょう。

1月28日

幸いな主との関係

感謝して主の門に進み
賛美しつつ主の庭に入れ。

主に感謝し、その名をほめたたえよ。

詩編 100:4

　賛美ほど大切な仕事はありません。私たちが天の父をほめたたえるとき、主と私たちの間の関係が正されるからです。賛美を通して、私たちは、神が私たちの王であり、私たちは王に救われた民なのだということを確認します。

　主を賛美して、主との関係を築き直しましょう。

恵みの賜物

あなたがたは恵みにより、信仰を通して救われたのです。それは、あなたがたの力によるのではなく、神の賜物です。行いによるのではありません。それは、誰も誇ることがないためです。

エフェソの信徒への手紙 2:8-9

　私たちが赦しを乞う前に、神は赦してくださいました。私たちが必要に気付く前に、神は恵みを注いでくださいました。なぜでしょうか。

　それは、神が私たちを憐れんでくださったからです。人は自分で自分を救うことはできません。私たちはただ、神の恵みのゆえに救われるのです。

御 言 葉 に 飢 え 渇 く

私が命のパンである。私のもとに来る者は決して飢えることがなく、私を信じる者は決して渇くことがない。

ヨハネによる福音書 6:35

　あなたは主の言葉に飢え渇いていますか。

　あなた自身の人生に、主イエスをよみがえらせましょう。主の御名を初めて聞いたその時の飢え渇きと情熱を、復活させましょう。

永遠という河の流れ

一人のみどりごが私たちのために生まれた。
一人の男の子が私たちに与えられた。
主権がその肩にあり、その名は
「驚くべき指導者、力ある神
永遠の父、平和の君」と呼ばれる。

イザヤ書9:5

　主を信じる者の人生は、渦巻く水に弄ばれるような
ものではありません。永遠という河の流れを、神に導
かれてゆったりと進む旅です。

　このことを私たちが確信できるのは、何百年も前に
その誕生が約束されていた、救い主のゆえです。

2月

February

剣を鞘に

剣を鞘に納めなさい。剣を取る者は皆、剣で滅びる。

マタイによる福音書 26:52

平和を造る人とはどのような人でしょうか。自分から人に手を差し伸べることを決意する人のことです。

誰かがあなたを傷つけたのなら、あなたがその人との関係に橋を架け直すべきなのです。

あなたの霊の力で

あなたがたが霊を受けたのは、律法を行ったからですか。それとも、信仰に聞き従ったからですか。あなたがたは、どこまで愚かなのですか。霊で始めたのに、今、肉で仕上げようとするのですか。

ガラテヤの信徒への手紙 3:2-3

父よ、間違いも失敗も隠すことなく、ありのままの姿で御前に出ます。

あなたの民でありながら、自力では全き者になれない私たちを、あなたの力で変えてください。私たちを癒やし、強め、あなたがくださる新たな力を御国のために用いてください。

すべてに時がある

天の下では、すべてに時機があり
すべての出来事に時がある。

コヘレトの言葉 3:1

　神をせかしてはなりません。今抱えている問題は、将来あなたが霊的に強くなるための踏み石となるかもしれないからです。困難や体の痛み、心挫けることがあっても、「忍耐しなさい」と聖書は語っています。
　主は必ずあなたの必要に応えてくださいます。神をせかしてはなりません。

神との正しい関係

願いと祈りと執り成しと感謝とをすべての人のために献げなさい。…これは、私たちの救い主である神の前に良いことであり、喜ばれることです。

テモテへの手紙一 2:1,3

　　祈りは神の国で最も力あるコミュニケーションの手段です。祈りを通して、私たちは神と親しく交わり、神と人との間を執り成すことさえできるからです。

　　祈りの力で、神と私たちは、神が意図された本来の関係に入ることができます。本来の関係とは、完全な、親しい交わりです。今日も祈りを通して、神との正しい関係に入りましょう。

壁ではなく橋を

キリストは、私たちの平和であり、二つのものを一つにし、ご自分の肉によって敵意という隔ての壁を取り壊し、…十字架を通して二つのものを一つの体として神と和解させ、十字架によって敵意を滅ぼしてくださったのです。

エフェソの信徒への手紙 2:14,16

偉大な平和の神、慰めの父よ、御名をほめたたえます。私たちの心を平和で満たし、私たちを平和の造り手としてください。地域、職場、学校などで、周りの人やあなたとの間に平和を築くことができるよう、助けてください。壁の築き方ではなく、橋の架け方を教えてください。私たちの心に、御国をもたらしてください。

赦しという水で

敵を愛し、あなたがたを憎む者に親切にしなさい。呪う者を祝福し、侮辱する者のために祈りなさい。…あなたがたの父が慈しみ深いように、あなたがたも慈しみ深い者となりなさい。

ルカによる福音書 6:27-28,36

　誰かがあなたや愛する人を傷つけたら、あなたはどうしますか。あなたの中で怒りの炎が燃え上がるままにしますか。それとも、怒る自分から解放されることを選びますか。

　「赦せない」という感情ほど、あなたの魂を牢獄に閉じ込めるものはありません。今日、赦しという水で、あなたの怒りの火を消しましょう。

幸せになるには

完全な律法、すなわち自由の律法を一心に見つめて離れずにいる人は、聞いて忘れてしまう人ではなく、行う人になります。このような人は、その行いによって幸いな者となるのです。

ヤコブの手紙 1:25

　幸せになりたいと望むなら、御言葉において成長することです。そのためには、一心に御言葉を学びましょう。

　御言葉があなた自身の言葉になるならば、あなたは成長します。御言葉を行動にするならば、あなたは幸いな者となるでしょう。

2月8日

天 の 国 に 入 る に は

私に向かって、「主よ、主よ」と言う者が皆、天
の国に入るわけではない。天におられる私の
父の御心を行う者が入るのである。

マタイによる福音書 7:21

　人の言うことではなく、キリストの声を聞きましょう。
神に仕える者でありながら、肉の喜ぶことを続けるこ
とはできません。

　キリストはその刺し貫かれた手で、主に聞き従う者
を御国に招き入れてくださいます。持つべきでないも
のを手放し、永遠の命を受けましょう。何者も、あなた
から永遠の命を奪うことはできません。

恵みの座に近づく

憐れみを受け、恵みにあずかって、時宜に適った助けを受けるために、堂々と恵みの座に近づこうではありませんか。

ヘブライ人への手紙 4:16

　父よ、私たちはひたむきにあなたを求めます。私たちの心を開いて、御国の風が入るようにしてください。
　祈りのうちにあなたのところに行き、あなたがおられる場所に立つことを、私たちは許されています。あなたの大きな恵みのゆえに与えられているこの特権に感謝し、あなたの聖なる御名をほめたたえます。

語らずにいられない

最も大切なこととして私があなたがたに伝えたのは、私も受けたものです。すなわち、キリストが、聖書に書いてあるとおり私たちの罪のために死んだこと、葬られたこと、また、聖書に書いてあるとおり三日目に復活したこと…です。

コリントの信徒への手紙一 15:3-5

　初代教会を突き動かしていた力は、人々が目の当たりにした紛れもない事実でした。「人として十字架の上で死なれた主イエスがよみがえり、再びこの地を歩いた」ということを、人々は語らずにはいられなかったのです。私たちがこのことを広く語ろうとしないのはなぜでしょう。十字架につけられた方を、忘れてしまったからなのでしょうか。

神 の 安 息 に 入 る

神の安息に入った者は、神が御業を終えて休まれたように、自分の業を終えて休んだのです。だから、私たちはこの安息に入るように努めようではありませんか。

ヘブライ人への手紙 4:10-11

何よりも自分の益になる敬虔な行為とは何でしょうか。眠ることです。では、最も愛する人のためになる信仰的な行為とは何でしょうか。休んで、元気を取り戻すことです。

私たちも神の安息に入ろうではありませんか。

主 を 忘 れ な い

死も命も、天使も支配者も、現在のものも将来のものも、力あるものも、高いものも深いものも、他のどんな被造物（ひぞうぶつ）も、私たちの主（しゅ）キリスト・イエスにある神の愛から私たちを引き離（はな）すことはできないのです。

ローマの信徒への手紙 8:38-39

　　一切を統（す）べ治（おさ）める主（しゅ）を、いつも忘れずにいましょう。これまでに主がよくしてくださったこと、今この時も近くにおられること、未来もずっと力あるお方であられることを、忘れないようにしましょう。

絶望に負けない

昼、太陽があなたを打つことはなく
夜、月があなたを打つこともない。
主はあらゆる災いからあなたを守り
あなたの魂を守ってくださる。

詩編 121:6-7

　絶望に負けないようにしましょう。それに支配されてはなりません。絶望的な状況にも圧倒されないことを選ぶ力を、あなたは持っています。

　神の力に頼ることのできるクリスチャンには、がっかりする理由はありません。

いちばんの贈り物

マリアは男の子を産む。その子をイエスと名付けなさい。この子は自分の民を罪から救うからである。

マタイによる福音書 1:21

　今日はバレンタインデーです。大切な人から贈り物をもらいましたか。あるいは、何ももらえなかったでしょうか。

　いずれにせよ、忘れないでください。あなたはすでに、誰よりもあなたのことを愛してくださるお方から、何よりもすばらしい贈り物を頂いているのです。

恐れを差し出す

神は我らの逃れ場、我らの力。

苦難の時の傍らの助け。

それゆえ私たちは恐れない

地が揺らぎ

山々が崩れ落ち、海の中に移るとも。

詩編 46:2-3

主は、私たちが恐れるものを恐れない方です。

主は「私は忙しい。あなたが恐れていることにつきあっている暇はない」とはおっしゃいません。「あなたが恐れるものを私は恐れない。あなたの恐れを私の前に差し出しなさい」と言われるのです。

聞くべき声

どの霊も信じるのではなく、神から出た霊かどうかを確かめなさい。

ヨハネの手紙一 4:1

　あなたは聞くべき声を間違えたことがありますか。従うべきでないアドバイスに従ったことはありませんか。

　私たちの人生の危機は、多くの場合、聞くべきでない声に従ったことで起こります。あなたは今日、誰の声に聞き従いますか。

家を建てるなら

私のこれらの言葉を聞いて行う者は皆、岩の上に自分の家を建てた賢い人に似ている。…私のこれらの言葉を聞いても行わない者は皆、砂の上に自分の家を建てた愚かな人に似ている。

マタイによる福音書 7:24,26

　自分の家をキャリアの上に建ててはなりません。自分の才能や、特定の相手との地上的な関係、興奮や快感をもたらすようなことの上に、家を建ててもいけません。

　限りあるものを求めるのではなく、信仰という永遠に続くものの上に、自分の家を築きましょう。

重荷からの解放

私の過ちは大きく、背負いきれません。

創世記 4:13

　私たちが負っている最も重い荷は、自分の過ちや失敗ではないでしょうか。しかし私たちは、それを独りで担うことはできません。一緒に重荷を担ってくださる方が必要なのです。神は、あなたが重荷を背負い続けることではなく、それから自由になることを願っておられます。あなたにその自由を与えてくださることができるのは、ただ神おひとりです。

シンプルな人生

満ち足りる心を伴った敬虔は、大きな利得の道です。私たちは、何も持たずに世に生まれ、世を去るときは何も持って行くことができないからです。食べる物と着る物があれば、私たちはそれで満足すべきです。

テモテへの手紙一 6:6-8

　最も良い人生とはどのような人生でしょうか。シンプルな人生です。人生の行き着く先と、生きる力の源を知っている人の人生です。

　そのような人生には、混乱も波風もなく、焦りもいらいらもありません。シンプルに生きましょう。

2月20日

神との和解

神はキリストにあって世をご自分と和解させ、人々に罪の責任を問うことなく、和解の言葉を私たちに委ねられたのです。…神の和解を受け入れなさい。

コリントの信徒への手紙二 5:19-20

　真実なくして神と和解することはできません。神は、私たちと関わろうとなさるとき、「まずこの真実を受け入れ、それから私と関わりなさい」とおっしゃいます。

　神との平和を得るのに必要なのは、キリストです。キリストを抜きにして、神との関係を築くことはできません。今日も主イエスを見上げましょう。

何よりも祈りを

たゆまず祈りなさい。感謝のうちに、目を覚まして祈りなさい。

コロサイの信徒への手紙 4:2

主よ、地上におられたとき、あなたは祈られました。朝にも夜にも、独りで、また人と共に祈られました。苦難のとき、あなたは静まって祈りの時を持たれました。喜びのときには、祈りのうちに心を神に向け、手を上げて賛美なさいました。私たちもあなたのようになれますように。日常生活の中で、何よりも祈りを大切にすることができますように。

神の憐れみと赦し

神よ、私を憐れんでください
あなたの慈しみによって。

深い憐れみによって
私の背きの罪を拭ってください。

過ちをことごとく洗い去り
私を罪から清めてください。

詩編 51:3-4

　私たちは神の赦しを切実に必要としています。しかし私たちには、赦しを求める権利も、代価として差し出せるものもありません。それでもなお、神は私たちを赦すことを願い、私たちが来るのを待ちわびておられます。

主にすべてを委ねる

誰でもキリストにあるなら、その人は新しく造られた者です。古いものは過ぎ去り、まさに新しいものが生じたのです。

コリントの信徒への手紙二 5:17

　自分の内面が壊滅的な状態にあることを認めるのは、気分の良いものではありません。しかし、主イエスの御業はそこから始まるのです。

　自分がどのような者かを正直に認めましょう。神は私たちの心を造り変え、主にすべてを委ねることができるようにしてくださいます。

刺し通す言葉

神の言葉は生きていて、力があり、いかなる両刃の剣より鋭く、魂と霊、関節と骨髄とを切り離すまでに刺し通して、心の思いや考えを見分けることができます。

ヘブライ人への手紙 4:12

　私たちは慰めが欲しくて神の言葉を求めます。御言葉は私たちの心に鋭く切り込んで来ますが、それのみならず、私たちを癒やすものです。神の言葉はまるで、外科医のメスのようです。

　御言葉は、私たちの思いと行い、そして魂と霊が交わるところを、深く刺し通します。そして、世の何をもってしても得られない癒やしを、私たちに与えるのです。

主を呼び求める

私は主を愛する。
主は嘆き祈る私の声を聞き
私に耳を傾けてくださる。
私は生きるかぎり呼び求めよう。

詩編 116:1-2

　主は高く上げられる王、聖なる父、畏れ敬うべき友です。王であり、父であり、友なる主を、生きるかぎり呼び求めましょう。

2月26日

賜物の用い方

あなたがたは、それぞれ賜物を授かっているの
ですから、神のさまざまな恵みの善い管理者と
して、その賜物を用いて互いに仕えなさい。

ペトロの手紙一 4:10

　生活の中にあるよけいなもののせいで、ストレスを感
じていませんか。頼まれたことは何でも引き受けるの
が、クリスチャンらしい生き方だと思っていませんか。

　しかしむしろ、自分の一日の使い方、自分の賜物を
用いるべきところをしっかり考えて決めることのほう
が、信仰的な生き方です。あなたの生活を整理し、で
きること、得意なことに集中しましょう。

辛抱強く待つならば

アブラハムは忍耐(にんたい)の末に、約束のものを得ました。

へブライ人への手紙 6:15

　父よ、あなたの沈黙ほど、多くを語るものはありません。しかし父よ、あなたの沈黙の理由を、あなたに愛されていないからだと思ったときもありました。どうぞ赦(ゆる)してください。

　辛抱(しんぼう)強く待つならば、あなたはいつか必ず答えをくださると、私たちは知っています。どうぞ私たちに忍耐を与(あた)えてください。

御国への道筋

心を尽くして主に信頼し
自分の分別には頼るな。
どのような道を歩むときにも主を知れ。
主はあなたの道筋をまっすぐにしてくださる。

箴言 3:5-6

　　主はいつの日にか、主に従う者を永遠の幸福へと
導き入れてくださいます。それを知っている私たちは、
その日を心待ちにしています。御国に迎え入れられる
ために私たちが我慢しているものを、主は必ず返して
くださいます。このことは、私たちの希望であり確信で
す。主に祈りましょう。「永遠の命へと向かう道からそ
れることのないよう、助けてください」と。

理不尽なこと

どうして、悪しき者が生き長らえ
老年に達して、なお力を増すのか。…
彼らの家は平和で、恐れもなく
神の杖が彼らに臨むことはない。

ヨブ記 21:7,9

　この世は理不尽で、理解し難いことばかりです。
なぜ無邪気な子どもが苦しみ、無辜の人が飢えなけ
ればならないのでしょうか。私たちを救うために主が
この地に来られ、十字架につけられなければならな
かったことも、理不尽かつ不公平なことでした。

　しかし、それが愛です。私たちのために、理不尽極
まりない犠牲を払ってくださったお方が、主なのです。

3月

March

神の民

キリストは来られ、遠く離れているあなたがたにも、また近くにいる人々にも、平和の福音を告げ知らせてくださいました。…ですから、あなたがたは、もはやよそ者でも寄留者でもなく、聖なる者たちと同じ民であり、神の家族の一員です。

エフェソの信徒への手紙 2:17,19

知らない言葉を話し、知らない土地に住むクリスチャンを思いましょう。発音できない名前を持つその人たちも、私たちと同じ神の民なのです。

今日、遠くにいる神の家族のために、心を尽くして祈りましょう。

主 の か た ち に

神は前もって知っておられた者たちを、御子（みこ）の
かたちに似たものにしようとあらかじめ定めら
れました。

ローマの信徒への手紙 8:29

　父よ、私たちは完璧（かんぺき）からはほど遠い存在です。それ
でも私たちはあなたのもの、あなたの救いと恵み（めぐ）を願
い求める者です。イエス・キリストのかたちに似たも
のに、私たちを変えてください。

　あなたが何度も何度も与え（あた）てくださる赦し（ゆる）、その慈
しみの大きさに、ただ驚い（おどろ）て立ち尽く（つ）します。計り知れ
ないほど深いあなたの恵みに、感謝します。

平和の種

平和の種が蒔かれ

ぶどうの木は実を結び

地は実りをもたらし

天は露を降らせる。

私はこの民の残りの者に

これらすべてのものを受け継がせる。

ゼカリヤ書 8:12

　争いのあるところに平和の種を蒔いても、明日実がなるわけではないでしょう。来週にも、次世代にも芽が出ないかもしれません。それでも今すぐに、その種を蒔きましょう。平和の種の力を侮ってはなりません。親切な言葉、小さなおわび、一本の電話、言葉足らずを補う説明など、平和の神に仕える方法はさまざまです。

執り成しの祈り

正しい人の執<と>り成<な>しは、大いに力があり、効果
があります。

ヤコブの手紙 5:16

　　正しい人、つまり神を信じる人が人のために祈<いの>れ
ば、すばらしいことが起こります。正しい人の執り成し
で、神の力が解放されるからです。

　　今日も誰<だれ>かのために、執り成して祈りましょう。

父と共に玉座に着く

勝利を得る者を、私の座に共に着かせよう。私が勝利し、私の父と共に玉座に着いたのと同じように。

ヨハネの黙示録 3:21

　賛美と祈りを通して私たちがどれほど成長できるか。このことが、神の国での私たちの役割が何になるかを左右するのだと、私は信じています。

　神の国であなたがしたいのは、雲に腰掛けて後光をぴかぴかに磨いたり、天使の竪琴をつま弾いたりすることでしょうか。神の座に共に着き、神と一緒に御国を治めたいと、あなたは思いませんか。

赦す力

聖霊を受けなさい。誰の罪でも、あなたがたが赦せば、その罪は赦される。誰の罪でも、あなたがたが赦さなければ、赦されないまま残る。

ヨハネによる福音書 20:22-23

　神の贖いと赦しの十字架に立ち帰れば、互いを赦す力が湧いてきます。あなたには、人を赦し、自分の怒りや憤りを捨てることを決めることができます。つまり、解放されて自由になることを選ぶのはあなたの権利であり、権限なのです。

　祈りと聖霊をもってすれば、赦すことは不可能ではありません。人を赦し、自分も赦されることを選びましょう。

キリストの言葉

キリストの言葉が、あなたがたの内に豊かに宿るようにしなさい。知恵を尽くして教え合い、論し合い、詩と賛歌と霊の歌により、感謝して神に向かって心から歌いなさい。

コロサイの信徒への手紙 3:16

　クリスチャンの人生の目的は、聖書の言葉を暗記することではありません。聖書は、イエス・キリストが見える所まで私たちを運んでくれる手段です。

　キリストの言葉は、あなたの内に豊かに宿っているでしょうか。

御国が来ますように

父よ
御名（みな）が聖とされますように。
御国（みくに）が来ますように。

ルカによる福音書 11:2

　父よ、御国が来ますように。人の心において、また社会において、御心（みこころ）がなされますように。あなたの永遠の支配を、この地にもたらしてください。

いつも賛美を

私はどのような時も主をたたえよう。

私の口には絶え間なく主の賛美がある。

詩編 34:2

　どのような状況にあっても、主を賛美しましょう。闇の中をさまよう時期、先が見えないとき、人生の不条理に苦しむとき。主は私たちの神だから、賛美に値するお方だから、どのような時も絶え間なく主をたたえましょう。

どこに逃れれば

どこに行けば、あなたの霊から離れられよう。
どこに逃れれば、御顔を避けられよう。

天に登ろうとも、あなたはそこにおられ
陰府に身を横たえようとも

あなたはそこにおられます。

詩編 139:7-8

　主の愛から逃れられる人はいません。「あなたの
罪がどれほど深くても、私の慈しみはもっと深い」と
主は言われます。このことをいつも忘れずにいましょう。

主 の 失われた 羊

ある人が羊を百匹(ひゃっぴき)持っていて、その一匹(いっぴき)が迷い出たとすれば、九十九匹(きゅうじゅうきゅうひき)を山に残して、迷い出た一匹を捜(さが)しに行かないだろうか。よく言っておくが、もし、それを見つけたら、迷わずにいた九十九匹より、その一匹のことを喜ぶだろう。

マタイによる福音書 18:12-13

　失われた羊がよろめきながら囲いの中に入ってくるのを、羊飼いが出迎(でむか)えています。羊は疲(つか)れ果て、傷つき、汚(よご)れています。入り口で羊は羊飼いを見上げて尋(たず)ねます。「入れていただく資格はありませんが、中に入ってもよいですか。あなたの御国(みくに)に、私の居場所はありますか。」羊飼いは羊を見下ろし、笑顔で言います。「お入り。ここはお前の家なのだから。」

福音の語り部

この降りて来られた方ご自身が、すべてのものを満たすために、あらゆる天よりもさらに高く昇（のぼ）られたのです。そして、ある人を使徒（しと）、ある人を預言者（よげんしゃ）、ある人を福音宣教者（ふくいんせんきょうしゃ）、ある人を牧者（ぼく）、教師（しゃ）としてお与（あた）えになりました。

エフェソの信徒への手紙 4:10-11

　キリスト教ほど風変わりな始まり方をしたものも珍（めずら）しいでしょう。初代教会を始めたのは、エルサレムの家の上の階に集まっていた、やる気のない、臆病（おくびょう）な弟子たちでした。弟子たちは、煮（に）えきらない戦士、語らない語り部（かたりべ）、すべきことも言うべきことも知らない人たちでしたが、どうしても、イエスというお方を忘れることができなかったのです。

神 の 羅 針 盤

あなたの言葉は真理です。

ヨハネによる福音書 17:17

　羅針盤なくして船の舵取りが行き先を見つけられ
ないように、御言葉という神の羅針盤なくして、私たち
は平安を見いだすことはできません。神の真理の言
葉に導かれ、目的地を目指しましょう。

最 大 の 召 命

どのような時にも、霊（れい）によって祈り、願い求め、すべての聖なる者たちのために、絶えず目を覚まして根気よく祈り続けなさい。

エフェソの信徒への手紙 6:18

　　神は私たちを、「祈る」という奉仕（ほうし）へと招いています。これこそが、私たちクリスチャンの最高そして最大の召命（しょうめい）です。

　　大いに祈る、祈りの戦士になりましょう。祈りという働きの持つ可能性を、最大限まで用いる者でありましょう。

赦しへの第一歩

父よ、彼らをお赦しください。自分が何をしているのか分からないのです。

ルカによる福音書 23:34

　赦しへの第一歩は、相手のことを、自分を傷つけた敵ではなく一人の人間として、憐れみをもって見ることです。

　主は人のうちに生まれ、人と同じように感情を持ち、人の怒りや憤りも理解されました。だからこそ、十字架につけられたとき、自分を処刑した人たちを神が赦してくださるよう、祈ることができたのです。

確かな基

義に飢え渇く人々は、幸いである

その人たちは満たされる。

憐れみ深い人々は、幸いである

その人たちは憐れみを受ける。

心の清い人々は、幸いである

その人たちは神を見る。

マタイによる福音書 5:6-8

　主イエスが山上で説かれた教えは、提言でも、解決策でも、ポジティブ思考論でもありません。正しい生き方の法則です。

　主の教えを聞き、それに従う者は、確かな基の上に人生を築いているのです。あなたもその一人になりたいと思いませんか。

心 配 は 要 ら な い

私の民は、平和な住まい、安全な家
心配の要らない安らぎの場に住む。

イザヤ書 32:18

　あなたは心配することがありますか。誰でも不安に
なることはありますが、主イエスは繰り返し「心配して
はなりません」と私たちに命令なさいました。何かにつ
いて心配し過ぎると、私たちがそれに打ち勝つのでは
なく、逆にその問題に打ち負かされてしまいます。

　忘れないでいましょう。神の民は、心配の要らない
安らぎの場に住んでいるということを。

賛美を小羊に

玉座（ぎょくざ）に座っておられる方と小羊に
賛美（さんび）、誉れ（ほま）、栄光、そして力が
世々（よよ）限りなくありますように。

ヨハネの黙示録 5:13

　賛美（さんび）は、私たちが王である主（しゅ）の前に出る目的そのものです。賛美とは、私たちの心を主に向け、手を上げ、喜びの声を上げて、主のすばらしさを認めるということです。賛美は、神の国に住まう者の日常の営み（いとな）なのです。

ただ主に望みを置く

私は主である。変わることはない。

マラキ書 3:6

　あなたの望みを変わりゆくものに置いてはなりません。人間関係、お金、才能、美貌、健康。すべて永遠のものではありません。

　決して変わることのない主ただおひとりに、望みを置きましょう。

十字架の意味

彼は私たちの背きのために刺し貫かれ

私たちの過ちのために打ち砕かれた。

彼が受けた懲らしめによって

私たちに平安が与えられ

彼が受けた打ち傷によって私たちは癒やされた。

イザヤ書 53:5

主よ、十字架を見上げれば、感謝でいっぱいになります。十字架の上で、あなたは私たちに、罪の赦し、生きる理由、そして死に対する答えを与えてくださいました。

あなたは死に勝ち、墓からよみがえられた方です。死を打ち破られたあなたと、私たちは今日も話しています。

神 の 取 扱 説 明 書

これまでに書かれたことはすべて、私たちを教え導くためのものです。

ローマの信徒への手紙 15:4

　私たちの命は、その所有者である神の取扱説明書付きで生み出されました。書かれた教えに従えば、私たちの装備は完璧、操作も簡単です。

　今日もまず、神の取扱説明書の手順を確認しましょう。

父 と 一 つ に

立って祈るとき、誰かに対して何か恨みに思う
ことがあれば、赦してあげなさい。そうすれば、
天におられるあなたがたの父も、あなたがたの
過ちを赦してくださる。

マルコによる福音書 11:25

　苦々しい思いや怒りでいっぱいの心で、慈しみの神
に近づいてよいのでしょうか。憐れみのない態度で人
を扱いながら、恵みの座に近づこうとするのは、僭越
というものです。人間関係の問題を解決しなさい。夫
や妻と仲直りし、教会の人と仲良くし、隣人を愛しまし
ょう。そうすれば、私たちが祈るとき、天の父と完全に
一つになれるでしょう。

御国で受ける賞

なすべきことはただ一つ、後ろのものを忘れ、前のものに全身を向けつつ、キリスト・イエスにおいて上に召してくださる神の賞を得るために、目標を目指してひたすら走ることです。

フィリピの信徒への手紙 3:13-14

　問題に突き当たったら、自分が得られる神の賞のことを思い出すことです。その大きさと比べれば、目の前の問題など取るに足らないものになるでしょう。

　地上では問題から逃れることはできません。しかし耐え抜くならば、あなたは御国で報いを受けます。

未来の勝利

あなたの未来には希望がある——主の仰せ。

エレミヤ書 31:17

　未来を信じないならば、あなたの現在はその力を失います。今の命を超えた命を信じないならば、来るべき世でのあなたの命は意味のないものになります。

　未来を信じ、勝利を確信しましょう。そうすれば、あなたの足取りは軽くなり、顔は笑顔で輝くことでしょう。

聖霊によって祈る

あなたがたは最も聖なる信仰の上に自らを築き上げ、聖霊によって祈りなさい。

ユダの手紙 0:20

　もっと祈ることを決心しましょう。決めたことを守るために具体的な計画を立てることを、ぜひ勧めます。心の中で「もっと祈る」と決めますか。家庭集会を始めますか。

　たゆまず祈り続けましょう。祈りの霊の内に生きるのです。

3月26日

降りて来られた主

イエスは、…あらゆる点できょうだいたちと同じようにならなければなりませんでした。事実、ご自身、試練を受けて苦しまれたからこそ、試練を受けている人たちを助けることがおできになるのです。

ヘブライ人への手紙 2:17-18

　私たちの主（しゅ）は雲の上の存在ではありません。私たちの問題が視界に入らないほど遠くにおられる方でもありません。

　主イエスは高い所におられたのに、人と同じ低い所まで降りて来られ、人と共に生き、働かれました。主が行く所どこでも、民衆は磁石（じしゃく）に引き寄せられるように後を付いて来ました。私たちも主に付いて行きましょう。

優しい主の懐に

主は羊飼いのようにその群れを飼い
その腕に小羊を集めて、懐に抱き
乳を飲ませる羊を導く。

イザヤ書 40:11

　あなたも私も、主の優しさに触れられた者です。主は私たちの心に、優しい小羊のように入って来られます。ほえたけるライオンのように、怒ったり、論争を吹きかけたり、無理やりに入って来ることはありません。

　優しい主の懐に、今日も身を委ねましょう。

主の王国

ある人たちは遅いと思っていますが、主は約束を遅らせているのではありません。一人も滅びないで、すべての人が悔い改めるように望み、あなたがたのために忍耐しておられるのです。

ペトロの手紙二 3:9

　いつの日かあなたが入る主の王国は特別な所です。そこでは、あなたは必ず勝利します。あなたは必ず御顔の前に立ち、王の王である主の姿を見るでしょう。痛みも涙も悲しみも、そこにはありません。

　主はすべての人が悔い改めて御国に入ることを望んでおられます。主が忍耐しておられるように、私たちも御国に至る日を忍耐強く待ちましょう。

平和を造る人

平和を造る人々は、幸いである
その人たちは神の子と呼ばれる。

マタイによる福音書 5:9

　父よ、どうぞ私たちをあなたの平和の造り手としてください。日々、いさかいの場にあるとき、どうぞ勇気をください。私たちを、和解の道具、愛の大使、あなたのように平和を造る者にしてください。神の子と呼ばれるにふさわしい者へと、私たちを変えてください。

すべてを知る神

主の目は全地を行き巡り、心が主と一つである者たちに御力を示す。

歴代誌下 16:9

　人生の問いに神がいつでも答えをくださるとは限りません。それは、人にその答えを理解する力がないからなのかもしれません。

　すべてを神に委ねることを学ぶ中で、私たちは一つの真実を受け入れざるをえません。私たちは「すべての答えを知ることはできない」ということ、しかし「すべての答えをご存じの神を知っている」という真実です。

自分を神に献げる

あなたは、適格な者、恥じることのない働き手、
真理の言葉をまっすぐに語る者として、自分を
神に献げるよう努めなさい。

テモテへの手紙二 2:15

　私はあることに気付きました。最も喜んで主に仕え
ている人は、神を個人的によく知っている人です。誰よ
りも主イエスについて語るに速い人は、自分が贖われ
たことの大きさを最もよく知っている人です。

　真理の言葉をまっすぐに語る働き手として、自分を
神に献げましょう。

4月

April

うれしい不意打ち

イエスが行く手に立っていて、「おはよう」と言われたので、女たちは近寄り、イエスの足を抱き、その前にひれ伏した。イエスは言われた。「恐れることはない。行って、きょうだいたちにガリラヤへ行くように告げなさい。そこで私に会えるだろう。」

マタイによる福音書 28:9-10

　聖なる主よ、復活の朝、死の眠りから目覚めたあなたは、すぐに天に行かれるのではなく、皆を訪ねて回られました。うれしい不意打ちだったことでしょう。

　あなたが愛する人々を訪ねたのはなぜでしょうか。あなたの死は、人々のための死だったからです。このことを思い、あなたの御名を賛美します。

救いという贈り物

私たちの内の古い人がキリストと共に十字架につけられたのは、罪の体が無力にされて、私たちがもはや罪の奴隷にならないためであるということを、私たちは知っています。死んだ者は罪から解放されているからです。

ローマの信徒への手紙 6:6-7

　聖書の十字架の場面に登場する人々の中に、私たちがいます。十字架につけられた犯罪人です。

　私たちは皆、主イエスの横で十字架につけられ、古い自分に死んだ者です。私たちは限りなく大きな贈り物を主に求め、受け取りました。その贈り物とは、私たちの救いです。

エネルギーの源

成^なし遂^とげられた。

ヨハネによる福音書 19:30

十字架^{じゅうじか}の上^{うえ}で主^{しゅ}がなさった発言^{はつげん}は、どれも高圧電^{こうあつでん}線^{せん}のようです。電線^{でんせん}に触^{さわ}ると、強^{つよ}い衝撃^{しょうげき}を受^うけます。

エネルギーの源^{みなもと}であるキリストの言葉^{ことば}に、今日^{きょう}も私^{わたし}たちのプラグを差^さし込^こみましょう。

十字架のほかには

この私には、私たちの主イエス・キリストの十字架のほかに、誇るものが決してあってはなりません。この方を通して、世界は私に対し、また私も世界に対して十字架につけられたのです。

ガラテヤの信徒への手紙 6:14

　　ゴルゴタの丘で主を十字架につけたのは、ローマ人でもユダヤ教徒でもなく、釘でもありません。主のご意志でした。罪汚れのない主ご自身が人の罪となり、十字架につけられたのです。言いかえるならば、被造物ではなく創造主の上に、神の怒りが注がれたということです。主イエスの十字架のほかに、私たちが誇るものなどあるでしょうか。

神と人との関係

何事でも神の御心に適うことを願うなら、神は聞いてくださる。これこそ私たちが神に抱いている確信です。

ヨハネの手紙一 5:14

　祈りは、クリスチャンの必要条件でも課された務めでもありません。美辞麗句を並べ立てて神の歓心を得、観客席の神に花束を投げてもらうようなものでもありません。

　祈りとは、神と私たちとの関係です。私たちは祈りを通して神の前に立ち、心の深いところにある思いを打ち明けることができるのです。

成し遂げられた

私たちはこの御子（みこ）において、その血による贖（あがな）い、すなわち罪の赦（ゆる）しを得ているのです。…これは、前もってご自身でお決めになっていた御心（みこころ）によるものであって、時が満ちるというご計画のためです。

エフェソの信徒への手紙 1:7,9-10

　　私たちの負債（ふさい）は支払われました。私たちの負い目（め）を、主はご自身の血で贖（あがな）ってくださったのです。

　「自分に負い目のある人を皆赦（みな ゆる）しますから、私たちの罪をお赦しください」と祈（いの）るよう教えてくださった主は、「成（な）し遂げられた」という言葉を発する前に、すでに決めておられました。私たちの負債の代償（だいしょう）を、自ら支払（しはら）ってくださることを。

律法の終わり

キリストは律法の終わりであり、信じる者すべてに義をもたらしてくださるのです。

ローマの信徒への手紙 10:4

　神の恵みとは何でしょうか。「私たちは、救われるためではなく、救われているから、神に仕える。律法や決まりだからではなく、愛と平和の法則によって、私たちは人を愛する者とされている」ということです。

サプライズパーティー

女よ、なぜ泣いているのか。誰を捜しているのか。

ヨハネによる福音書 20:15

　あなたはサプライズが好きですか。それならば聖書も好きでしょう。主は人を驚かせることが好きだからです。あなたがパーティー好きなら、聖書も好きでしょう。主は、人と飲んだり食べたりするのを楽しまれたからです。サプライズパーティーは好きですか。それなら、墓に来たマグダラのマリアのために主が催したサプライズパーティーの話が、あなたも好きでしょう。

私たちの価値

あなたは私の目に貴く、重んじられる。

イザヤ書43:4

　　私たちの価値は生まれながらのものです。私たち
の価値は、学位や肩書、貯金の額に左右されるもの
ではありません。ただ自分であるがゆえに、私たちに
は価値があるのです。

　　神の目には、すべての人が貴い存在です。それは、人
が全能の神の被造物だからです。

あなたへの贈り物

イエスは町や村を残らず回って、諸会堂で教え、御国の福音を宣べ伝え、ありとあらゆる病気や患いを癒やされた。また、群衆が羊飼いのいない羊のように弱り果て、打ちひしがれているのを見て、深く憐れまれた。

マタイによる福音書 9:35-36

　村々を回っていたナザレ出身の説教者イエスの周りには、いつも人々が群がっていました。主はすべての人のための、そしてあなたへの神の贈り物です。

　誰かと仲たがいしていますか。長いこと神を求めているのに、出会えずにいますか。主はあなたの心の傷を癒やしてくださる方です。あなたへの贈り物を今、受け取りましょう。

問いのさなかにも

人の内にある霊以外に、一体誰が人のことを
知るでしょう。同じように、神の霊以外に神のこ
とを知る者はいません。

コリントの信徒への手紙一 2:11

　クリスチャンが人生の問題に突き当たっても、ただ
状況を甘んじて受け入れるべきで、「なぜ」と問うて
はならないと誤解している人がよくいます。

　アブラハムもモーセもダビデも、神を理解できずに
もがき苦しみました。それでもなお、彼らは神への全
き信頼を失いませんでした。問いのさなかにも彼らが
失わなかった神への態度に、私たちも倣いましょう。

座るのも立つのも

主よ、あなたは私を調べ

私を知っておられる。

あなたは座るのも立つのも知り

遠くから私の思いを理解される。

旅するのも休むのもあなたは見通し

私の道を知り尽くしておられる。

詩編 139:1-3

　主よ、自分の本当の姿をあなたに隠すことはできません。朝にも夜にも、弱い時も強い時も、あなたは私たちのことをご存じです。

　どのような時でもあなたは私たちを大切にしてくださり、愛してくださることを、思い出させてください。

完全な自由

私の言葉にとどまるならば、あなたがたは本当に私の弟子である。あなたがたは真理を知り、真理はあなたがたを自由にする。

ヨハネによる福音書 8:31-32

聖なる天の父よ、聞こえてくる雑多な声の中に、あなたの声を聞き分けるのは簡単ではありません。

けれども私たちは、肩書や地位の誘惑からも、物質主義や同調圧力からも、御子によって完全に自由にされた者です。私たちには真の自由が与えられているというあなたの約束を、いつも忘れずにいられますように。

真 実 の 声

私の羊は私の声を聞き分ける。私は彼^{かれ}らを
知っており、彼らは私に従う。

ヨハネによる福音書 10:27

　クリスチャンとは、聞こえてくるさまざまな声の中に、
主^{しゅ}の声を聞き分けることを求める者のことです。
　真実の声を聞くことを学びましょう。

希望という錨

私たちはこの希望を、魂のための安全で確かな錨として携え、垂れ幕の内側へと入って行くのです。

ヘブライ人への手紙 6:19

　何者も、「あなたの罪を赦す」という神の約束を奪い去ることはできません。あなたが死に打ち勝ったという事実を取り去ることのできる者も、どこにもいません。

　希望を手放してはなりません。希望はあなたの魂のための錨だからです。

神 の 栄 光 の た め に

食べるにも、飲むにも、何をするにも、すべて神
の栄光を現すためにしなさい。

コリントの信徒への手紙一 10:31

　自分の仕事に飽きたと感じることがありますか。あ
なたの仕事は、単なる職業ではなく主への奉仕となり
えます。

　仕事を通して人と関わりを持ちましょう。職場での
時間を、人を喜ばせ、励ますために使いましょう。そう
すればあなた自身も、今よりもっと喜びに満たされるこ
とでしょう。

ただ一筋に

私たちの神よ、あなたの僕（しもべ）の祈り（いの）と嘆願（たんがん）を聞いてくださり、荒廃（こうはい）したあなたの聖所（せいじょ）に、主（しゅ）ご自身のために御顔（みかお）の光を輝（かがや）かせてください。

ダニエル書 9:17

　祈りのすばらしいところは、誰（だれ）でも祈ることができるということです。年齢（ねんれい）も、財産の有無も、才能も関係ありません。ただ一筋に信じる気持ちと、執（と）り成す意志（なな）があればよいのです。

恵 み の 相 続 人

神は、豊かな憐れみにより、死者の中からのイエス・キリストの復活を通して、私たちを新たに生まれさせ、…また、あなたがたのために天に蓄えられている、朽ちず、汚れず、消えることのないものを受け継ぐ者としてくださいました。

ペトロの手紙一 1:3-4

　　神から私たちへの最高で最大の贈り物は、恵みです。恵みは一人一人に合わせて特別に仕立てられています。恵みとは、神の平和、愛、希望です。

　　クリスチャンは神の豊かな財産を受け継ぐ相続人です。けれどもこの相続は、キリストの犠牲がなければ成り立たない相続でした。十字架のゆえにあなたが相続した恵みを、今日も数えましょう。

主 の 招 待 者 リ ス ト

渇（かわ）いている人は誰（だれ）でも、私のもとに来て飲みなさい。私を信じる者は、聖書が語ったとおり、その人の内から生ける水が川となって流れ出るようになる。

ヨハネによる福音書 7:37-38

　主（しゅ）イエスの招待者リストは、少し変わっています。疲（つか）れた人、働（はたら）き過ぎの人、燃（も）え尽（つ）きた人。

　あなたも自分の名前を主のリストに載（の）せませんか。そして、心の安らぎを手に入れましょう。

神の愛のゆえに

神は独り子を世にお遣わしになりました。その
方によって、私たちが生きるようになるためです。
ここに、神の愛が私たちの内に現されました。

ヨハネの手紙一 4:9

　　この世のすべての罪を負って罪なき者が死なれた
とき、神は御使いの軍勢を送って御子を救おうとはな
さいませんでした。神が諦めたのは私たちの命ではな
く、ご自分の独り子の命だったのです。

　　私たちが生かされているのはただ神の愛のゆえで
す。このことを今日も心に留めましょう。

私 の 足 の 灯

あなたの言葉は私の足の 灯^{ともしび}

私の道の光。

詩編 119:105

　父よ、聖書を開くたび、御言葉^{みことば}が決して古びていないことに驚^{おどろ}きます。あなたの聖書は昔からある本なのに、今の私の日常生活を実際に助けてくれるのです。

　あなたの貴い言葉に、いつも導きを求めることができますように。

自由へと召された

あなたがたは自由へと召されたのです。ただ、この自由を、肉を満足させる機会とせず、愛をもって互いに仕えなさい。

ガラテヤの信徒への手紙 5:13

父よ、あなたに従うことを、切に求めます。私たちのあなたへの献身を、新しくしてください。すべてをあなたに委ねさせ、完全にあなたのものにしてください。ただあなたの恵みを通してのみ得られる自由を、私たちに得させてください。

嵐を静めてください

イエスは起き上がって、風を叱り、湖に、「黙れ。静まれ」と言われた。すると、風はやみ、すっかり凪になった。

マルコによる福音書 4:39

　主よ、ガリラヤ湖で嵐を静められたように、私たちの心の中を吹き荒れる怒りの嵐も静めてください。心に渦巻く恐れを消し、うずく傷を手当てしてください。私たちを、もっとあなたの近くに引き寄せてください。

ダイナミックな人生

あなたがたも祈りによって、私たちに協力してください。それは、多くの人々の祈りにより私たちに与えられた恵みについて、多くの人々が私たちのために感謝を献げるようになるためです。

コリントの信徒への手紙二 1:11

使徒パウロが今ここにいたら、「日々キリストの前に立ちなさい」と私たちを祈りに招くことでしょう。主と顔と顔を合わせて長く過ごせば過ごすほど、私たちの人生はもっとダイナミックなものになります。

祈りましょう。クリスチャンは本来、祈ることに召されているのです。

語り告げよ

私は心を尽くして主に感謝を献げ
その奇しき業をすべて語り告げよう。

詩編 9:2

　詩編の作者ダビデのように、主に救われた者は、そのことを語らずにはいられません。救いを忘れることなどできないからです。

　救われた地上の者よ、その奇しき業をすべて語り告げましょう！

ただ一つの応答

ここに私がおります。

私を遣わしてください。

イザヤ書 6:8

　神の赦しを受けたのなら、正直にそのことを語りましょう。恵みを受けたのなら、人にその恵みを分かち合いましょう。

　神の赦しと恵みに対するそれ以外の応答は、ありえないのです。

涙は洪水のように

主は、地上に人の悪がはびこり、その心に計ることが常に悪に傾くのを見て、地上に人を造ったことを悔やみ、心を痛められた。主は言われた。「私は、創造した人を地の面から消し去る。」

創世記 6:5-7

　人間が悪魔の差し出す罪の杯に手を伸ばすのを、神は見ておられました。その時、神の心はどんなにか痛んだことでしょう。

　神は完全なるお方ですから、罪ある存在の中には住まうことができません。神が流された涙は、洪水のように被造物を流し去りました。神はそれほどまでに、ご自分の造られた人間を愛しておられるのです。

主 の 証 人 と な る

あなたがたの上に聖霊が降ると、あなたがたは力を受ける。そして、エルサレム、ユダヤとサマリアの全土、さらに地の果てまで、私の証人となる。

使徒言行録 1:7-8

　主の死後、弟子たちは一度逃げ去りましたが、イエスというお方のことをどうしても忘れることはできませんでした。この話がすばらしいのは、弟子たちがその後の人生のすべてを賭して、救いの福音を人々に告げ知らせたということです。

　あなたも、あなたを救われた主の証人となりたいと願いますか。

自分を律する

あなたがたを襲った試練で、世の常でないものはありません。神は真実な方です。あなたがたを耐えられないような試練に遭わせることはなさらず、試練と共に、それに耐えられるよう、逃れる道をも備えてくださいます。

コリントの信徒への手紙一 10:13

　あなたが悩まされている誘惑に、果敢に立ち向かいましょう。神は自分を律する力をあなたに与えてくださっています。克己心の賜物を利用するかしないかは、あなたしだいです。

初心に帰りなさい

喜びなさい。初心に帰りなさい。励まし合いなさい。思いを一つにし、平和に過ごしなさい。そうすれば、愛と平和の神があなたがたと共にいてくださいます。

コリントの信徒への手紙二 13:11

　かつて持っていた主イエスへの情熱は、まだ残っていますか。以前のように御言葉を愛していますか。
　あなたのために死に、よみがえられた救い主の住まう空間が、あなたの心にはありますか。

5月

May

本 来 の 仕 事

何事も、不平や理屈を言わずに行いなさい。

フィリピの信徒への手紙 2:14

　父よ、私たちは小さなことで文句ばかり言います。私たちの目を開き、天を見せてください。あなたの約束と永遠の命に目を向けさせてください。

　目の前の用事に右往左往するのではなく、あなたへの奉仕という私たちの本来の仕事を、きちんとすることができますように。

役立たずはいない

主はサムエルに言った。「容姿や背丈に捕らわれてはならない。私は彼を退ける。私は人が見るようには見ないからだ。人は目に映るところを見るが、私は心を見る。」

サムエル記上 16:7

　神にとって、役立たずの人など誰もいません。年齢に関係なく、皆役に立つのです。

　小さな子ども、見目麗しくない人、不器用な人、疲れた人、落ち込んでいる人。誰もが神の子どもです。神はどの子も皆、お使いになるのです。あなたのことも。

拒まれる悲しみ

イエスが、「行け」と言われると、悪霊どもは二人から出て、豚の中に入った。すると、豚の群れはみな崖を下って湖になだれ込み、水に溺れて死んだ。…町中の者がイエスに会いに出て来た。そして、イエスに会うと、その地方から出て行ってもらいたいと言った。

マタイによる福音書 8:32,34

　悪霊を追い出すのを見て怖くなった人々に「出て行ってくれ」と言われたとき、主イエスはどのような気持ちだったでしょう。聖書には書かれていませんが、想像はできます。誰かを助けようとしたのに迷惑がられたことはありませんか。救おうとした相手に拒まれた主の気持ちを、想像することができますか。

私たちの望み

私たちは、神の約束に従って、義の宿る新しい
天と新しい地とを待ち望んでいます。

ペトロの手紙二 3:13

主よ、いつの日かあなたが帰って来られること、それ
が私たちの確信であり、望みです。ですから私たちは、
あなたに従う私たちを、あなたが永遠の幸福へと招き
入れてくださるその日まで、耐え忍ぶことができます。

きょうだいを愛する

きょうだいを愛する者は光の中にとどまり、
その人にはつまずきがありません。

ヨハネの手紙一 2:10

　友は大切です。人は誰<ruby>誰<rt>だれ</rt></ruby>しも友を必要としています。
あなたが人に親切にするならば、それがきっかけで相
手はキリストのことを知るかもしれません。

　自分から人に声をかけたり、親しみのこもった態度
で温かく接したりしましょう。相手を幸せにできるかも
しれません。

主 を 心 に 迎 える

どうか、主_{しゅ}があなたがたの心を、神の愛とキリストの忍耐_{にんたい}へとまっすぐに向けてくださいますように。

テサロニケの信徒への手紙二 3:5

　　あなたの心と生活が主への愛でいっぱいに満たされているならば、そこに罪の入り込む余地はありません。あなたがほかの何よりも主を愛し、大切にすることを、主は望んでおられます。

　　主イエスのところまでまっすぐに走って行きましょう。主を心に招き入れ、そこに住んでいただきましょう。

恐れるな

恐_{おそ}れるな、私があなたと共にいる。

たじろぐな、私があなたの神である。

私はあなたを奮_{ふる}い立たせ、助け

私の勝利の右手で支える。

イザヤ書 41:10

　父よ、冷静を装_{よそお}っていても私たちが心の奥底_{おくそこ}に抱_{かか}えている恐れを、あなたはご存じです。孤独_{こどく}、失業、体や心の痛み、私たちはさまざまなものを恐れています。

　今、私たちは自分の恐れを御前_{みまえ}に差し出します。あなたは恐れない方です。あなたを見上げる私たちに、どうぞ勇気をください。

信仰者のために

このため、神はキリストを高く上げ

あらゆる名にまさる名を

お与えになりました。…

すべての舌が

「イエス・キリストは主である」と告白して

父なる神が崇められるためです。

フィリピの信徒への手紙 2:9,11

　神の御子イエスを信じるクリスチャンの中には、信仰を忘れかけている人もいれば、生きた実体のあるものとして経験している人もいるでしょう。あなたの信仰の状態がどうであれ、私は祈ります。神が日々、主だけを見つめさせてくださいますように。私たちの罪が贖われたことを、広く伝えることができますように。

悪 魔 の 策 略

悪魔の策略に対して立ち向かうことができるように、神の武具を身に着けなさい。

エフェソの信徒への手紙 6:11

　現代人は、実像が見えない悪魔のような存在をなかなか理解できません。そこで、社会悪のことを「サタン」と呼ぶ代わりに、「社会福祉制度の欠陥」「教育格差」といった新しい用語で説明しようとするのです。

　諸悪は悪魔の成果物にほかならないのに、社会の伝統や文化のせいにしていては、悪魔の卑劣さを本当に理解することはできません。

あなたを友と呼ぶ

私はもはや、あなたがたを僕(しもべ)とは呼ばない。僕は主人のしていることを知らないからである。私はあなたがたを友と呼んだ。父から聞いたことをすべてあなたがたに知らせたからである。

ヨハネによる福音書 15:15

　主(しゅ)イエスは何をするために地上に来られたのでしょうか。人との関係を築(きず)くためです。

　神と人との間を隔(へだ)てていた敵意、争い、壁を取り去るために、十字架(じゅうじか)の苦しみを耐(た)え、神と人との間に橋を架(か)け終えると、主は「あなたがたを友と呼ぶ」とおっしゃいました。そうです。主はあなたの友なのです。

神の憐れみ

あなたがたは、

「かつては神の民ではなかったが

今は神の民であり

<ruby>憐<rt>あわ</rt></ruby>れみを受けなかったが

今は憐れみを受けている」のです。

ペトロの手紙一 2:10

　パウロの一生に象徴<rt>しょうちょう</rt>されているように、神の民が歩む道の両側には両極端<rt>りょうきょくたん</rt>の人生が広がっています。

　片側には、罪の果てにはまり込む深い沼<rt>ぬま</rt>。もう片側には、その沼の底よりも深いただ一つのもの、神の憐れみがあります。

神 は 忘 れ な い

自分の確信を捨ててはいけません。この確信には、大きな報（むく）いがあります。神の御心（みこころ）を行（おこな）って約束のものを受けるためには、忍耐（にんたい）が必要なのです。

ヘブライ人への手紙 10:35-36

　正しいことをすれば必ず良い結果が出るのでしょうか。正しいことをしたのに、思ったとおりにならなかったことはありませんか。

　大丈夫（だいじょうぶ）、元気を出してください。神の御心に適（かな）う正しいことをする人を、神は必ず見ておられ、そのことを覚えておかれます。

主 に 喜 ば れ る 仕 事

手の及ぶことはどのようなことでも
力を尽くして行うがよい。

コヘレトの言葉 9:10

　主よ、するべきことが多く、時間が足りないと感じますが、賢く時間を使い、日々の仕事を新しい挑戦として感謝することができますように。あなたに喜ばれる態度で仕事に臨み、あなたが望まれるようなクリスチャンになる機会として、有効に生かすことができますように。

苦難をも誇りと

そればかりでなく、苦難をも誇りとしています。苦難が忍耐を生み、忍耐が品格を、品格が希望を生むことを知っているからです。

ローマの信徒への手紙 5:3-4

　健康問題、心の苦しみ、お金のことなどでつらいとき、あなたはどうしますか。体も心も内向きに硬直してしまい、自己憐憫に陥りますか。それとも、苦難を通して神に成長させていただくことを願いますか。

価なしに

人は皆、罪を犯したため、神の栄光を受けられなくなっていますが、キリスト・イエスによる贖いの業を通して、神の恵みにより価なしに義とされるのです。

ローマの信徒への手紙 3:23-24

　　恵みとは何でしょうか。それは、私たちが完璧だからではなく、ただ神の優しさのゆえに与えられるものです。私たちが主のところに行き、恵みを求めれば、主は必ず与えてくださいます。これこそが、福音（良い知らせ）です。

5月16日

母 の 日 に 寄 せ て

彼女の手の実りを彼女に与え
その働きを城門でたたえよ。

箴言 31:31

　一家の母親を見れば、「神はいない」と言える人は
いないでしょう。お母さんは家中のどんな小さなことも
知っていて、家族のためにずっと働いています。それ
だけでなく、残り物と冷めたお茶だけで、きりきり舞い
の日々を乗り切ってしまうのです。まさに神業です。
　主よ、すべてのお母さんたちを祝福してください。

主 を 愛 する

心を尽くし、魂を尽くし、思いを尽くして、あなたの神である主を愛しなさい。

マタイによる福音書 22:37

　規則やルールで人に言うことを聞かせても、相手は恐れのうちに生きるので、すぐに燃え尽きてしまいます。

　しかし神の愛で人の心に火がつくと、燃え上がった火はなかなか消えません。その人は感謝のうちに生き、恐れではなく主への愛のゆえに、自分を主に献げます。あなたの心も、神の愛で燃えているでしょうか。

神に用いられる人

私は主の仕え女です。お言葉どおり、この身に
なりますように。

ルカによる福音書 1:38

　この世に完璧な母親はいません。完璧な人も存在
しません。しかし聖書には、神に仕える者として最も
大切な資質を持つ人のことが書いてあります。おとめ
マリアです。

　進んで神に従い、考え深く、忠実で、神を信頼して
いる人。マリアのような人を、神は用いられます。

主 は わ が 力

それでも、私は主にあって喜び

わが救いの神に喜び躍る。

神である主はわが力

私の足を雌鹿のようにし

高き所を歩ませてくださる。

ハバクク書 3:18-19

　誰かと強い関係で結ばれていることで、私たちは励まされ、強められます。もし私が失敗しても、変わらずにそばにいてくれる友がおり、私を愛し続けてくれる妻がいるということ、それが私の力になります。

　何があろうとも、ずっと私たちを愛してくださる父がおられる。そのことが、私たちの力です。

母たちに祝福を

あなたが抱いている偽りのない信仰を思い起こしています。その信仰は、まずあなたの祖母ロイスと母エウニケに宿りましたが、それがあなたにも宿っていると、私は確信しています。

テモテへの手紙二 1:5

　主よ、私たちの手を引いてくれた母の手、今小さな子どもたちを導いているたくさんのお母さんのことを思い、あなたに感謝します。母親の偽りのない信仰は、子どもたちにも受け継がれることでしょう。

　世の母親たちをあなたが祝福してくださることを、心から祈ります。

マリアの涙

イエスの十字架(じゅうじか)のそばには、その母と母の姉妹、クロパの妻マリアとマグダラのマリアとが立っていた。

ヨハネによる福音書 19:25

　十字架(じゅうじか)の上から、主(しゅ)イエスの目には誰(だれ)の姿が見えたでしょうか。誠実な母の姿です。

　十字架の出来事は、私たちにとってはすばらしい瞬間(しゅんかん)でしたが、マリアにとっては苦しくつらい出来事でした。マリアは主の最期の時までその場にとどまり、息子に声をかけ続けました。そして、十字架の犠牲(ぎせい)の死を遂(と)げる息子を前に、涙(なみだ)を流しました。

すべてはあなたから

取るに足りない私と、私の民が、このように自ら進んで献（ささ）げたとしても、すべてはあなたからいただいたもの。私たちは御手（みて）から受け取って、差し出したにすぎません。

歴代誌上 29:14

　主イエスによる赦（ゆる）しを受け取るために、私たちは何かしたでしょうか。何もしていません。それなのに、私たちは自分を過大評価し、主に向かって「私はあなたのチームに大いに貢献（こうけん）できます」などとうそぶきます。
　主の赦しは、私たちの貢献や行（おこな）いに基（もと）づいて与（あた）えられるものではありません。ただ主が救い主であるがゆえに、与えられるのです。

私の闇を照らす主

主よ、あなたは私の灯をともし
わが神は私の闇を照らす。

詩編18:29

　元気とやる気が出ない日には、どうしたらよいでしょうか。キリストの愛を初めて知った日に立ち帰りましょう。
　その日、主が扉を開いてくださり、罪の意識と混乱の中にあったあなたの心の闇に、光が差し込んで来ました。あなたは心で叫んだことでしょう。「私は贖い出された」と。

幼子のために

立って、夜回りの始まる時に叫べ。
主の前で、心を水のように注ぎ出せ。
幼子たちの命のために
主に向かって両手を上げよ。

哀歌 2:19

　忙しい現代の生活の中で、子どものために祈る時間が取れないと言うのなら、やることを詰め込みすぎているのです。

　親が子どものために悩み、考えつつ、主の前に出る時間ほど、特別なものはありません。子どものために祈るという貴い仕事のために、あなたの時間を割きましょう。

罪 な き 者 と

今や、キリスト・イエスにある者は罪に定められることはありません。

ローマの信徒への手紙 8:1

御言葉には「キリスト・イエスにある者は、時に罪に定められないこともある」と書いてあるのでしょうか。違います。「キリスト・イエスにある者は罪に定められることはありません」とあるのです。

いかがでしょうか。自分の罪とは関係なく、私たちは罪なき者とされているのです。

神の恵みによって

神の恵みによって、今の私があるのです。

コリントの信徒への手紙一 15:10

　神の赦しと解放の恵みを本当に味わった人は、どのようになるでしょう。誰よりも懸命に働く人、最も清い徳のある人、真っ先に喜んで赦す人になるはずです。

　それは、自分の努力の結果ではありません。神がそのようにあなたを変えてくださるのです。

主は魔法使い？

イエスは、彼女が泣き、一緒に来たユダヤ人たちも泣いているのを見て、憤りを覚え、心を騒がせて、言われた。「どこに葬ったのか。」彼らは、「主よ、来て、御覧ください」と言った。

ヨハネによる福音書 11:33-34

　世の多くの人は、涙を流したり、情熱に胸を高鳴らせたりする主の姿を知りません。こうした人たちは困ったときだけ、いつもはないがしろにしている主のところに行きます。問題を解決してくれる魔法使いのように思っているのでしょう。

　しかし、本当の主を知る私たちは、日々主のところに行き、心優しい主に倣って生きましょう。

神の業が現れるため

「先生、この人が生まれつき目が見えないのは、誰が罪を犯したからですか。…」イエスはお答えになった。「本人が罪を犯したからでも、両親が罪を犯したからでもない。神の業がこの人に現れるためである。」

ヨハネによる福音書 9:2-3

　「誰が罪を犯したのですか」と尋ねる弟子に、主は「誰も」と答え、目の見えない人を癒やしました。主の答えはこうです。「人の苦しみは罪の結果ではない。」
　神は、私たちが間違いを犯したから打つような、小さなお方ではありません。むしろその逆です。生きておられる神は、私たちの苦しみを痛いほど敏感に感じておられます。

悪を憎め

主を愛する者よ、悪を憎め。
主は忠実な者の魂を守り
悪しき者の手から救い出す。

詩編 97:10

　父よ、この世には真実が本当にあり、絶対的な善悪の区別があります。感謝します。あなたはいつでも善いことをなさいますが、私たちは皆、あなたを裏切ったことのある者です。ともすれば方向を間違い、誤った選択をする私たちを、どうぞ導いてください。あなたのすばらしい救いの賜物に私たちが忠実であれるように、私たちの良心を強めてください。

私たちの父

主^{しゅ}よ、あなたは私たちの父です。

イザヤ書 63:16

　　私たちには思いやりに満ちた父がいます。子どもたちが傷つけば、父の心も傷つきます。

　　私たちがプレッシャーに押^おし潰^{つぶ}されそうなときや、何もかもうまくいかないと感じているときも、主はあなたを憐^{あわ}れもうと待っておられます。私たちが失敗しても成功しても、主は抱^だきしめてくださるのです。

一 人 一 人 の 価 値

あなたがたのうちに、百匹の羊を持ってい
る人がいて、その一匹を見失ったとすれば、
九十九匹を荒れ野に残して、見失った一匹
を見つけ出すまで捜し歩かないだろうか。

ルカによる福音書 15:4

　見失った羊の話を聞いていた人の中には、そっと
涙を拭った人がいたのではないでしょうか。集団の中
で自分の存在感が薄いと感じていた人たちです。

　天の父は一人一人を見ておられ、大切に思ってお
られます。父にとって、子どもは誰も等しく価値がある
存在なのです。主は人々に、このことを知らせたかっ
たのではないでしょうか。

6月

June

親 の 祈 り の 力

ダビデはその子のために神に願い求め、断食をして引きこもり、夜を徹して地に伏した。

サムエル記下 12:16

　クリスチャンの親の祈りの力を、見くびってはなりません。子どものために思いを巡らし、祈る親の祈りを、神は必ず聞いておられます。親が誠実に祈った祈りの答えが、十年二十年後に与えられることもあるのです。

光 の 子 と し て 歩 む

光の子として歩みなさい。──光の結ぶ実は、
あらゆる善と義と真理との内にあるからです。

エフェソの信徒への手紙 5:8-9

　救いは、あなたが正しいからではなく、神が正しい
お方だから与(あた)えられるものです。それでも、どのような
問題やジレンマに突(つ)き当たっても、正しい選択(せんたく)をしま
しょう。正しいことをしようとしている人がほかにいなく
ても、正しいことをするのです。

　正直でありましょう。勇気をもって自分の立場を示しま
しょう。真実でありましょう。光の子として歩むのです。

深すぎる罪はない

あなたがたの神、主は恵みに満ち、憐れみ深い方である。そのもとにあなたがたが立ち帰るなら、御顔を背けることはない。

歴代誌下 30:9

　父よ、あなたの家に帰りたいのに、あなたを怒らせたことが怖くて、帰れないことがあります。自分には赦される資格はないと思うこともあります。

　けれども御言葉は教えてくれます。「あなたの赦しの手が届かないほど深い罪など、一つもない」ということを。

私の苦しみを知る主

あなたは私の苦しみを見つめ
私の魂の苦悩を知っておられる。

詩編31:8

　「私の苦しみは天罰か」と人は思いがちです。苦しいことを経験しない人はいません。そう、人生は理不尽です。雨は正しい者にも正しくない者にも降ると言います。しかし誰もが罪人ですから、正確には「正しくない者の上にも、正しくない者の上にも降る」でしょう。それでも、私たちを義とし、苦しみを理解してくださる方が、私たちには与えられています。

橋を架ける

めいめい、自分のことだけではなく、他人のことにも注意を払いなさい。

フィリピの信徒への手紙 2:4

　スピードが命の社会に生きている私たちには、他人を思いやる余裕がありません。それでも、あなたと、友を必要としている人との間に橋を架けましょう。そうすれば、主イエスがその橋を渡り、その人たちの心へと入ってくださいます。

癒やしの御手

十二年間も出血が止まらない女が近寄って来て、後ろからイエスの衣の裾に触れた。「この方の衣に触れさえすれば治していただける」と思ったからである。イエスは…言われた。「娘よ、元気を出しなさい。あなたの信仰があなたを治した。」その時、女は治った。

マタイによる福音書 9:20-22

　主が女を癒やしたとき、主は「あなたの信仰があなたを治した」と言われました。「愛する娘よ、あなたは何も持たず、人に見捨てられているが、天の父はあなたを忘れていない」ということを言われたのです。

　今、主の癒やしが必要ですか。主は同じことをあなたにもおっしゃっています。その声が聞こえますか。

世に勝つ勝利

神の戒めを守ること、これが神を愛することだからです。その戒めは難しいものではありません。神から生まれた人は皆、世に勝つからです。世に勝つ勝利、それは私たちの信仰です。

ヨハネの手紙一 5:3-4

　父よ、誘惑に遭い、悪に直面するとき、私たちを強めてください。御力をもって悪に打ち勝つ者としてください。世に勝つ勝利、それが私たちの信仰です。

未解決の罪

神はこのイエスを、真実による、またその血による贖（あがな）いの座とされました。それは、これまでに犯されてきた罪を見逃（みのが）して、ご自身の義（ぎ）を示すためでした。

ローマの信徒への手紙 3:25

　解決していない罪や過（あやま）ちは、自分だけでなく人をも傷つける刃（やいば）です。未解決の過ちがあると、道理の通らないことをしたり、何もしていない人を相手に感情を爆発（ばくはつ）させたり、関係のない人に自分の罪の結果を引き受けさせることになります。

　あなたには未解決の罪がありませんか。今、赦（ゆる）し主（ぬし）である神の前に、それを差し出しましょう。

神はすぐそこに

私は苦しみ、痛みの中にいます。

神よ、あなたの救いが

私を高く上げてくださいますように。

詩編 69:30

　私たちが傷ついているとき、眠れないとき、治まらない痛みに悩むとき、神はどこにおられるのでしょうか。すぐそこにおられます。主イエスの十字架の死はまさに、そのことを証明するためでした。

　私たちに痛みを与えるのは神ではありません。神は、私たちの傷を取り去るために、ご自身の独り子を地上に送ってくださった方です。

敵はサタン

身を慎み、目を覚ましていなさい。あなたがた
の敵である悪魔が、ほえたける獅子のように、
誰かを食い尽くそうと歩き回っています。

ペトロの手紙一 5:8

　私たちの敵はサタンです。敵が誰かを知らなけれ
ば、敵に対して武装することもできないでしょう。結婚
生活の敵は、あなたの夫や妻ではありません。職場
の敵は、あなたの雇用主もしくは従業員ではありませ
ん。社会の仕組みや教会も、敵ではありません。

　敵はサタンです。サタンを見分け、非難する相手を
間違えないようにしましょう。

無条件の愛

キリストは、私たちがまだ弱かった頃、定められた時に、不敬虔な者のために死んでくださいました。…私たちがまだ罪人であったとき、キリストが私たちのために死んでくださったことにより、神は私たちに対する愛を示されました。

ローマの信徒への手紙 5:6,8

　神は、私たちの生活が道徳的になって初めて愛してくださるのではありません。言葉に表すことのできないほどの無条件の愛、これが神の愛です。

　クリスチャンの人生の意味は、この神にどれだけ信頼するかによって決まるのです。

主よ、私の涙を

あなたは私のさすらいの日々を
数えてくださいました。
私の涙をあなたの革袋に蓄えてください。

詩編 56:9

あなたが傷つけば、主も傷つきます。あなたに耳を傾ける人が誰もいなくても、主は聞いてくださいます。
寂しくて、挫折して、苦しくて泣いても、主はその刺し貫かれた手を差し伸べ、あなたの涙を拭いてくださるのです。

力 と 愛 と 思 慮 の 霊

神が私たちに与えてくださったのは、臆病の霊
ではなく、力と愛と思慮の霊だからです。

テモテへの手紙二 1:7

　神は、「使えない」と思われている人に力と知恵を
与え、豊かに用いてくださいます。神のほかには、この
ようなことは誰にもできません。
　「自分は何もできない」と臆病になるのではなく、力
と愛と思慮の霊を与えてくださる神に期待しましょう。

別物の自由

自由人として行動しなさい。しかし、その自由を、悪を行う口実とせず、神の僕として行動しなさい。

ペトロの手紙一 2:16

　自由を得ようと、私たちはさわざまな手を尽くしますが、なかなか手に入れることができません。

　主イエスの語った自由は、私たちの考える自由とは別物でした。権力ではなく従順がもたらす自由。支配ではなく服従がもたらす自由。所有ではなく、気前よく与え、手放すことがもたらす自由でした。

人生の成功者

夫たちよ、妻を愛しなさい。つらく当たってはなりません。…父親たち、子どもたちをいらだたせてはなりません。いじけるといけないからです。

コロサイの信徒への手紙 3:19,21

　一家の父親には三つの義務があります。天の父に誠実であること、神に与えられた妻を愛すること、子どもを大切に扱うことです。

　たとえどれほど貧しく、人の目からは失敗に終わった人生に見えようとも、この三つの義務に誠実に生きるならば、その男は成功者です。あなたも人生の成功者になりたいと思いませんか。

家族を敬う

あなたの父と母を敬いなさい。そうすればあなたは、あなたの神、主が与えてくださった土地で長く生きることができる。

出エジプト記 20:12

　私たちの父母を敬いなさいという命令を、神は喜びとまことの約束をもって祝福なさいました。

　互いを敬い合う家族ほど、すばらしい祝福はありません。あなたの父母を、そして家族を敬いましょう。

心 を 保 て

守るべきものすべてにも増して
あなたの心を保て。
命はそこから来る。

箴言 4:23

　ひどい目に遭いたくないですか。それは無理な話です。病気になり、歳をとり、人の過ちの犠牲になるでしょう。しかし心を保つなら、苦難を乗り越えることができます。そのためには、あなたのために命を捨てた主を知り、主に仕えて生きることです。主が死なれたのは、痛みも悲しみもない家で、あなたが永遠に生きるためでした。

主 に 信 頼 す る 人

万軍の主よ。
幸いな者、あなたに信頼する人は。

詩編 84:13

　主が最も愛されるのはどのような人でしょうか。主を最も必要としている人、主を頼る人、すべてにおいて主を信頼する人です。

　あなたがヨハネのように清かろうが、マグダラのマリアのように罪深かろうが、主は気になさいません。あなたが主に信頼しているということだけが、主にとっては大切なのです。

いつもあなたに従う

時をよく用い、外部の人に対して知恵をもって振る舞いなさい。いつも、塩味の効いた快い言葉で語りなさい。そうすれば、一人一人にどのように答えるべきか、分かるでしょう。

コロサイの信徒への手紙 4:5-6

父よ、私たちと同じ信仰を持たず、励ましも理解も示さない人々に囲まれているときにも、あなたに忠実に従うことができますように。日々、困難に立ち向かう勇気を与えてください。

苦しむ人を慰める

神は、どのような苦難のときにも、私たちを慰めてくださるので、私たちも神からいただくこの慰めによって、あらゆる苦難の中にある人々を慰めることができます。

コリントの信徒への手紙二 1:4

　試練に遭って苦しむと、私たちは少し賢くなります。そして、苦しむ人々を慰めることが前よりも少し上手になります。

　「私たちも神からいただくこの慰めによって、あらゆる苦難の中にある人々を慰めることができる」という御言葉を、忘れないでいましょう。

何事も愛をもって

何事も愛をもって行^{おこな}いなさい。

コリントの信徒への手紙ー 16:14

　行動や態度で愛を表すことを軽^{かろ}んじてはなりません。あなたが何気^{なにげ}なくしたことが、子どもにとっては忘れられないことになるかもしれないのです。

　あなたの子どもが自分の小さい頃^{ころ}を思い出すとき、あなたの優しさを思い出せるように、今日も愛をもって子育てをしましょう。

謙遜という豊かさ

人間の高ぶりはその者を低くし
心の低い人は誉れを受ける。

箴言 29:23

　現代人には、キリストなど必要ないのでしょうか。財産を築いたり、学位を取得したり、マイホームを建てたり、何でも自分の力だけでできるかのようです。

　しかし、欠けや貧しさに直面して初めて得られる豊かさが、私たちには残されています。試練に遭い、主と顔と顔を合わせて初めて得ることのできる、謙遜という豊かさです。

御国の民

私たちを御国の民とし、またご自分の父である神に仕える祭司としてくださった方に、栄光と力が世々限りなくありますように、アーメン。

ヨハネの黙示録 1:6

　福音は、理解するのも広めるのも簡単なメッセージです。福音をひと言で表すなら、「神の国は近づいた」ということに尽きるでしょう。そこには王がおり、誰でも自分の意志でその国民となることができます。神の国の民となることを、あなたも望みますか。

一方的な愛

私たちが神を愛したのではなく、神が私たちを愛し、私たちの罪のために、宥（なだ）めの献（ささ）げ物として御子（みこ）をお遣（つか）わしになりました。ここに愛があります。

ヨハネの手紙一 4:10

　　あなたの外見や行動とは無関係に、神はあなたを愛しておられます。神の愛はあなたが完璧（かんぺき）かどうかに左右されるものではなく、何かと引（ひ）き換えに得られるものでもありません。神の愛は一方的に与（あた）えられるもので、返品もできません。私たちの神は、真実なお方です。

優先順位をつける

あなたはいろいろなことに気を遣い、思い煩っ
ている。しかし、必要なことは一つだけである。

ルカによる福音書 10:41-42

　日常生活があまりにややこしくなったと感じることは
ありませんか。一日にしなければならないことが多す
ぎないでしょうか。

　優先順位をつけるには、次の質問に答えてみるこ
とです。「百年後どこにいたいか。」あなたの答えが
「神の国」であるなら、日々の選択の判断基準はおの
ずと定まるはずです。

真 の 悔 い 改 め

もし私の名で呼ばれている私の民が、へりく
だって祈り、私の顔を慕い求め、悪の道から立
ち帰るなら、私は天からそれを聞いて、彼らの
罪を赦し、彼らの大地を癒やす。

歴代誌下 7:14

　真の悔い改めとは、私たちの行いによって証しさ
れ、示されるものです。悔い改めるとき、私たちの内面
も動いています。悔い改めは、外に向かう行いに表さ
れる、内なる確信なのです。

キリストの手紙

私たちの推薦状(すいせんじょう)は、あなたがた自身です。…
あなたがたは、私たちが書いたキリストの手紙
であって、墨(すみ)ではなく生ける神の霊(れい)によって、
石の板ではなく人間の心の板に記(しる)されたもの
であることは、明らかです。

コリントの信徒への手紙二 3:2-3

　言うこととすることが違(ちが)うことが、私たちにはよくあ
ります。しかし人は、あなたが話すことを聞く前に、あ
なたがすることを見ているものです。

　あなた自身の在り方を、キリストへの献身(けんしん)の証(あか)しとし
ましょう。使徒パウロが書いているように、私たちもキリ
ストの手紙なのですから。

私を離さないで

暁（あかつき）の翼（つばさ）を駆（か）って、海のかなたに住もうとも

そこでも、あなたの手は私を導き

右の手は私を離（はな）さない。

詩編 139:9-10

　天の父よ、あなたの手はどこまでも伸（の）びて、私たちを離しません。御腕（みうで）で私たちを抱（だ）いてください。家に連れて帰ってください。永遠に、私たちをあなたのものとしてください。

七 の 七 十 倍 まで

その時、ペトロがイエスのところに来て言った。「主(しゅ)よ、きょうだいが私に対して罪を犯したなら、何回赦(ゆる)すべきでしょうか。七回までですか。」イエスは言われた。「あなたに言っておく。七回どころか七の七十倍まで赦しなさい。」

マタイによる福音書 18:21-22

　クリスチャンをクリスチャンたらしめるものは何でしょうか。完璧(かんぺき)であることではありません。赦すことです。七の七十倍まで赦しなさい。

再び燃え立つまで

私が手を置いたことによってあなたに与えられた神の賜物を、再び燃え立たせなさい。

テモテへの手紙二 1:6

　初めて主を信じたときのことを覚えていますか。心の中に炎が燃え上がり、何をもってしても消すことができませんでしたね。

　あなたの心には、まだその火種が残っていますか。もしあるならば、再び燃え立たせましょう。この世の唯一の希望であるお方と、顔と顔を合わせて会うのです。

7月

July

罪 か ら 離 れ る

罪人はあなたのもとに帰ります。

神よ、わが救いの神よ

流血の罪から私を助け出してください。

この舌はあなたの義を喜び歌います。

詩編 51:15-16

　犯した罪がどれほど大きく、沈んだ淵がどれほど深くても、罪から離れるのに遅すぎるということはありません。

　心の奥深くにある過ちも、その根を引き抜いて捨ててしまいましょう。そうすれば、あなたは自由になります。

永遠の命

神が御子を世に遣わされたのは、世を裁くためではなく、御子によって世が救われるためである。

ヨハネによる福音書 3:17

　あなたが罪や過ちを犯しても、主はあなたを見捨てません。皆があなたを拒絶しても、主はあなたのところに来られます。

　主は真っ先に、絶望している人、誰も近づいて行かない人のところに行き、永遠の命をお与えになる方です。

無関心という罪

神と交わりを持っていると言いながら、闇の中を歩むなら、私たちは偽りを述べているのであり、真理を行ってはいません。…自分に罪がないと言うなら、自らを欺いており、真理は私たちの内にありません。

ヨハネの手紙一 1:6,8

　私たちが自分の罪に無関心であること、霊的に鈍感であることを、神はいとわれます。

　自分の罪深さが目に入っているのにもかかわらず、見て見ぬふりをしていませんか。もしそうならば、ひざまずいて「神様、ごめんなさい」と言いましょう。

キリストにある自由

この自由を得させるために、キリストは私たちを解放してくださいました。ですから、しっかりと立って、二度と奴隷の軛につながれてはなりません。

ガラテヤの信徒への手紙 5:1

　私たちの住んでいる国には自分のしたいことをする自由があるかもしれません。しかし全知全能の神によって自由にされないかぎり、人は束縛されたままです。束縛とは、過去の悔いや過ちにほかなりません。

　自分が後悔の軛から解放されていることを確かに信じて、しっかりと立ちましょう。二度と奴隷の軛につながれてはなりません。

事の緊急性

時は満ち、神の国は近づいた。悔い改めて、福音を信じなさい。

マルコによる福音書 1:15

　人を助け、人に福音を伝えるクリスチャンと、教会の椅子にどっかりと腰かけたままのクリスチャンとの違いは何でしょうか。福音を伝えるクリスチャンは事の緊急性を分かっており、自分が主を知らなかった時のことを忘れていません。そして、「助けが必要な人は何よりも主イエスを必要としている」ということを知っています。あなたはどちらのクリスチャンですか。

7月6日

悔い改めとは

私は自分の背きを知っています。

罪は絶えず私の前にあります。…

神よ、私のために清い心を造り

私の内に新しく確かな霊を授けてください。…

神の求めるいけにえは砕かれた霊。

神よ、砕かれ悔いる心をあなたは侮りません。

詩編 51:5,12,19

　悔い改めとは何でしょうか。自分勝手な欲望に背を向け、主に立ち帰ることです。してしまった過ちを悲しみ、純粋に、誠実に悔いること。間違ったことを認めて、より良く生きたいと強く望むことです。

　自分の過ちを心から悔い、そこから立ち帰る人は幸いです。

新しいエルサレム

天使は、霊に満たされた私を大きな高い山へ連れて行った。そして、聖なる都エルサレムが神のもとを出て、神の栄光のうちに天から降って来るのを私に見せた。都は神の栄光に輝いていた。その輝きは最も高価な宝石のようであり、透き通った碧玉のようであった。

ヨハネの黙示録 21:10-11

　父よ、この世が安穏と過ごすことのできる場所だとは、あなたは決して言われませんでした。

　それでもなお、私たちには希望があります。あなたに信頼する私たちは、永遠へと私たちをいざなう、聖なる都の輝きを見る日を、期待して待つことができるのです。

主 を ほ め 歌 う

私は心を尽くしてあなたに感謝し
神の前で、あなたをほめ歌う。

詩編 138:1

　主がどれほど優しく、真実で、善いお方かを目にすれば、感謝の念を覚えずにはいられません。

　今日も心を尽くして、感謝のほめ歌を主に歌いましょう。

苦 難 の 意 味

子よ、主の諭しを拒むな。

主の懲らしめをいとうな。

子をいとおしむ父のように

主は愛する者を懲らしめる。

箴言 3:11-12

　今経験している苦難を無駄と思わないでください。苦しみを通して神が教えておられることに、耳を澄ましましょう。将来それを人に教えることができるかもしれないからです。

　苦しみの時は、今まで知らなかったことを学ぶ良い機会です。長い年月の後、学んだことによって誰かを助けることになるかもしれません。

戦いの相手

私たちの戦いは、人間に対するものではなく、支配、権威、闇の世界の支配者、天にいる悪の諸霊に対するものだからです。

エフェソの信徒への手紙 6:12

　人生の戦場はどこで、戦う相手は誰でしょうか。敵は近所の人ですか。家族ですか。いいえ、敵は、目に見えない悪の力、この世に侵入して来た真っ暗な闇です。

　サタンの目標は、すべてのクリスチャンが自らの内面の戦いに負けることです。しかし神の力を借りれば、私たちもサタンに勝つことができます。サタンは神を支配しようと試みましたが、失敗に終わったからです。

人生の優先事項

神は、その独り子をお与えになったほどに、世を愛された。御子を信じる者が一人も滅びないで、永遠の命を得るためである。

ヨハネによる福音書 3:16

　人生の優先事項をはっきりさせましょう。あなたが何よりも友人や家族に伝えたい言葉や思いは何でしょうか。

　それは、「神は、その独り子をお与えになったほどに、私たちを愛された」という単純明快な真実のはずです。

主は恵みに満ち

主は憐れみ深く、恵みに満ち
怒るに遅く、慈しみに富む。

永遠に争い続けることなく
とこしえに怒り続けることもない。

私たちを罪に応じてあしらうことなく
過ちに従って報いることもない。

詩編 103:8-10

　私たちの多くは心の奥で、怒れる神を恐れています。神は鞭や棒を隠し持っていて、悪いことをすればいつか罰を受ける —— 教会学校やテレビで、神のそんなイメージを吹き込まれたかもしれません。しかしそれは大間違いです！ 天の父はあなたのことが大好きで、ただ愛を注ぐことを願っておられるお方なのです。

義としてくださる神

誰が神に選ばれた者たちを訴えるでしょう。人を義としてくださるのは神なのです。誰が罪に定めることができましょう。

ローマの信徒への手紙 8:33-34

　過去の罪がずっと私たちに付きまとい、重くのしかかっています。心はいらだち、前に向かって歩みを進めることができません。

　天の父よ、私たちが過去の失敗を克服するのを助けてください。後悔の念から解放してください。そして、私たちを離さないでください。

神の声を聞く

子よ、私の言葉に思いを向けよ。

私の語りかけに耳を傾けよ。

目から離すことなく

心の内に守れ。

探し出す者にとって、それは命。

心身を健やかにする。

箴言 4:20-22

　休んでリフレッシュすることで、人の内側も回復します。ゴルフをして遊ぶことを勧めているのではありません。「静まって神の声を聞きましょう」と言っているのです。

　神の言葉は、あなたの心身を健やかにします。それを探し出す者にとって、御言葉は命なのです。

消えることのない火

二人は互いに言った。「道々、聖書を説き明かしながら、お話しくださったとき、私たちの心は燃えていたではないか。」

ルカによる福音書 24:32

　主に贖われた者は黙っていることができません。心には火が燃え盛っています。

　あなたの心の中にも、世俗主義にもヒューマニズムにも同調圧力にも負けない火が燃えているはずです。

新たに生まれた命

あなたがたは、朽ちる種からではなく、朽ちない種から、すなわち、神の変わることのない生ける言葉によって新たに生まれたのです。

ペトロの手紙一 1:23

　キリストに従う人は、自分に死にます。クリスチャンが持っている命とは、この地上の命ではなく、永遠に続く命です。あなたも、神の生ける言葉によって新しく生まれた命なのです。

善こそが勝つ

主は正しき者の道を知っておられる。
悪しき者の道は滅びる。

詩編 1:6

　父よ、「正しいことをすれば、いつか必ず真実と正義と善が勝つ」というあなたの約束に、感謝します。
　この世のジレンマや選択肢を前にするとき、悪ではなく善こそが勝利を得るということを、思い出させてください。

富 で は な く 神 に

どんな召し使いも二人の主人に仕えることはできない。一方を憎んで他方を愛するか、一方に親しんで他方を疎んじるか、どちらかである。あなたがたは、神と富とに仕えることはできない。

ルカによる福音書 16:13

御国は、私たちが持っている物ではなく、私たちの信仰によって前進します。主は、私たちが自分の所有物ではなく、主に頼ることを願っておられます。

「私に頼りなさい」とおっしゃる主イエスの声が聞こえますか。富ではなく、神に仕えましょう。

過ちを捨てる

立ち帰れ。すべての背きから立ち帰れ。そうすれば過ちはあなたがたのつまずきとはならない。あなたがたが私に対して行ったすべての背きを投げ捨て、自ら新しい心と新しい霊を造り出せ。

エゼキエル書 18:30-31

　時に私たちは、自分の過ちを覆い隠すためにさらなる間違いを犯したり、正当化したりします。隠し持った過ちは靴に入った小石のようなもので、放っておくと足だけでなく体中が不快になります。

　ではどうすればよいのでしょうか。ただそれを取り出し、ぽいと捨ててしまえばよいのです。

与えなさい

与えなさい。そうすれば、自分にも与えられる。
人々は升に詰め込み、揺すり、溢れるほどよく
量って、懐に入れてくれる。あなたがたは、自分
の量る秤で量り返されるからである。

ルカによる福音書 6:38

　神は私たちのすべてを求めておられます。それは、
神に差し出せるものを私たちが持っているからでしょ
うか。
　違います。神は、私たちにすべてを与えてくださる
方です。神の願いは、神があなたに与えた賜物を、あ
なたが人のために用いることなのです。

信仰の試練

神よ、あなたは私たちを試み
火で銀を練るように私たちを練った。…
私たちは火の中、水の中を通ったが
あなたは私たちを広々とした地に導き出された。

詩編 66:10,12

　父よ、イエス・キリストが来られる時、地上での苦しみには意味があったと分かるでしょう。その時には、今の試練のことなどたちまち忘れてしまうということを、私たちは信じています。

　どうぞ私たちにこのことを分からせてください。今は理解できなくても、あなたに信頼することができるよう、助けてください。

福音を宣べ伝える

全世界に行って、すべての造られたものに福音を宣べ伝えなさい。

マルコによる福音書 16:15

　この地上で私たちがすべき最も大切なことは何でしょうか。次の世へと通じる扉を開く鍵を、まだ見つけていない人たちのところへ行き、福音を伝えることです。

本 気 の 命 令

いつも喜んでいなさい。

絶えず祈りなさい。

どんなことにも感謝しなさい。

これこそ、キリスト・イエスにおいて

神があなたがたに望んでおられることです。

テサロニケの信徒への手紙一 5:16-18

　神が「祈りなさい」と言われるとき、神は本気です。聖書にいちばんよく出てくる命令は、「隣人を愛しなさい」でも「教会に行きなさい」でも「福音を伝えなさい」でもありません。「祈りなさい」です。ほかの何よりも、神は私たちが祈ることを求めておられます。

命をも捨てた主

屠られた小羊こそ、力、富、知恵、権威
誉れ、栄光、そして賛美を

受けるにふさわしい方です。

ヨハネの黙示録 5:12

　主よ、あなたは愛に値しない私たちを愛し、慈しんでくださいました。賛美にふさわしい聖なる主でありながら、あなたは地に降り、肉となって私たちの間に住んでくださいました。それだけでなく、私たちのために命まで捨ててくださいました。

変わらない真実

私たちは、見えるものではなく、見えないものに目を注ぎます。見えるものは一時的であり、見えないものは永遠に存続するからです。

コリントの信徒への手紙二 4:18

　主よ、見えないけれども大切な、永遠に続くものを、私たちが見ることができますように。はかない地上の所有物ではなく、永遠の命に照らして、日々の決断をすることができますように。

　時を超えて変わらないあなたの真実の言葉を、私たちの行動に表すことができるよう、私たちを助けてください。そして何よりも、主よ、あなたの愛に感謝します。

赦すという決心

互いに耐え忍び、不満を抱くことがあっても、赦し合いなさい。主があなたがたを赦してくださったように、あなたがたも同じようにしなさい。

コロサイの信徒への手紙 3:13

　互いに復讐し合う悪循環を断ち切るのは、あなた自身です。怒りや憤りに振り回されるのもやめましょう。こう宣言するのです。

　「あの人が私にしたことは確かにひどい。でも私はキリストに倣って言おう。父よ、彼らをお赦しください。自分が何をしているのか分からないのです。」

主 に あ っ て 立 つ

主にあってしっかりと立ちなさい。

フィリピの信徒への手紙 4:1

　世の人の中にあって、クリスチャンは、「世間並み」に生きるのではなく、より良く生きようと皆を励ます存在であるよう召されています。

　主にあってしっかりと立ちましょう。

7月28日

魂の錨

あなたがたを離れて天に上げられたイエスは、
天に昇って行くのをあなたがたが見たのと同
じ有様で、またお出でになる。

使徒言行録 1:11

　希望は、私たちの魂をつなぎ止める錨です。私たち
の希望はどこにあるのでしょうか。

　私たちの希望は、「キリストは必ず帰って来られる」
という希望です。この希望の錨につながれた魂は、波
立つ海をさまようことなく、安らかです。

思い煩うな

<ruby>何事<rt>なにごと</rt></ruby>も思い<ruby>煩<rt>わずら</rt></ruby>ってはなりません。

フィリピの信徒への手紙 4:6

神は私たちに「<ruby>姦淫<rt>かんいん</rt></ruby>するな」「殺すな」と命じられました。この神は「思い煩ってはなりません」ともおっしゃいました。

心配するということは、主権を持っておられる神を疑うということです。思い煩いは、自分と神との関係をおとしめる<ruby>行為<rt>こうい</rt></ruby>なのです。何事も思い煩ってはなりません。

主よ、私の祈りに

主よ、私の祈りに耳を傾け

嘆き願う私の声を聞いてください。

苦難の日に私はあなたを呼び求めます。

あなたは必ず答えてくださいます。

詩編 86:6-7

　この地上で主に祈るのは、私たちクリスチャンだけです。だからこそ、人のために執り成して祈りましょう。

　人生の戦いや苦難を前にしているときも、私たちはまず祈りましょう。心からの祈りを主の前に差し出せば、主は必ずその祈りを聞いてくださいます。

苦しみを耐え忍ぶ

罪を犯して打ち叩かれ、それを耐え忍んでも、
何の誉れになるでしょうか。しかし、善を行って
苦しみを受け、それを耐え忍ぶなら、これこそ
神の御心に適うことです。

ペトロの手紙一 2:20

　善いことをしても、悪いことが起きることはありませ
んか。神にも家族にも誠実に仕えているのに、問題は
起きる——つらいですね。

　人生には悩みが付き物です。しかし神の約束に望
みを置く私たちは、日々の苦しみを耐え忍ぶことがで
きます。

8月

August

社会で責任を果たす

私たち強い者は、強くない者の弱さを担うべきであり、自分を喜ばせるべきではありません。おのおの、互いを築き上げるために善を行い、隣人を喜ばせるべきです。

ローマの信徒への手紙 15:1-2

　仕事をするにあたって、クリスチャンは、冷静な頭と熱くひたむきな心をもって、自分の持てるものを進んで差し出しましょう。

　冷静でシビアな判断に基づいて任務に当たることは大切です。しかし同時に、利己主義に陥ることなく、純粋な心で社会のためになることを行う、それがクリスチャンの責任ではないでしょうか。

8月2日

恵み深い主

主に感謝せよ。
まことに、主は恵み深い。
その慈しみはとこしえに。

詩編 107:1

　天の父よ、あなたを賛美します。着る物も、食べる物も、寝る所もあるということに感謝します。

　けれども、たとえこうした物が一つ残らず取り去られたとしても、私たちの手には永遠の希望が残ります。ありがとうございます。あなたは恵み深い方です。

私は主の家に住もう

命あるかぎり
恵みと慈しみが私を追う。
私は主の家に住もう
日の続くかぎり。

詩編 23:6

　元気のないときは思い出しましょう。私たちには希望があるということ。この世は私たちの本来の家ではないということ。いつの日か問題はすべて解決するということ。そうすれば、再び力が湧いてくるでしょう。

門 の 中 に 入 る

私は羊の門である。…私を通って入る者は救
われ、また出入りして牧草を見つける。…私が
来たのは、羊が命を得るため、しかも豊かに得
るためである。

ヨハネによる福音書 10:7,9-10

　主は門を開いてくださいました。次にどうするかを選
ぶのはあなたです。
　これからの人生を、罪悪感や自責の念の奴隷として
過ごしますか。それとも、主の招きに従って、開かれた
門の中に入ることを選びますか。

あなたの名を知る主

あなたがたの名が天に書き記されていること
を喜びなさい。

ルカによる福音書 10:20

　人に名前を覚えてもらうのはうれしいものです。聖
書にも多くの人名が登場しますが、私はかつて、こん
なにもたくさんの個人名が書かれていることを不思
議に思っていました。今はその理由が分かります。神
にとっては、一人一人の名前が大切だからです。神が
ご存じでない名前は一つもありません。あなたの名前
も、私の名前も。

人生のすべてに

わが神、主（しゅ）よ、あなたは多くのことを

奇（く）しき業（わざ）と計（はか）らいを

私たちのために成（な）し遂（と）げられた。

あなたに並ぶ者はありません。

私がそれを語り伝えようにも

おびただしくて数えきれません。

詩編 40:6

「何を祈（いの）ったらよいか分からない」ですって？　では、「神がこれまであなたが知らずして祈っていたことの一つ一つに答えをくださっていたとしたら」と考えてみましょう。あなたはどこに住み、何の仕事をしているでしょう。神は、言葉にならない祈りをも聞いておられ、人生のすべてに関わってくださるお方です。

主は私と共におられ

主は私の魂を生き返らせ
御名にふさわしく、正しい道へと導かれる。
たとえ死の陰の谷を歩むとも
私は災いを恐れない。

あなたは私と共におられ
あなたの鞭と杖が私を慰める。

詩編 23:3-4

　主よ、私たちがあなたを疑ったり、否定したり、「どこにおられるのですか」と憤ったりしたことを、どうぞ赦してください。私たちは知っています。あなたがいつでもここにおられること、死の陰の谷を行くときも、あなたが一緒に歩き、私を支えてくださることを。

信仰を離さない

あなたがたは、キリストを見たことがないのに愛しており、今見てはいないのに信じており、言葉に尽（つ）くせないすばらしい喜びに溢（あふ）れています。それは、あなたがたが信仰（しんこう）の目標である魂（たましい）の救いを得ているからです。

ペトロの手紙一 1:8-9

　この世はあなたの持っているものをすべて奪（うば）い去るかもしれません。しかしあなたの信仰だけは、誰（だれ）にも奪い取ることはできません。信仰という魂の錨（いかり）を、しっかりと握（にぎ）りしめて離（はな）さないようにしましょう。

心 を 注 ぎ 出 せ

民よ、どのような時にも神に信頼せよ。
御前に心を注ぎ出せ。
神は我らの逃れ場。

詩編 62:9

　癒やしに向かう第一歩は、自分の思いを明らかにすることです。まず神に自分の胸の内を言い表し、過ちを告白しましょう。

　この最初の一歩を踏み出せば、神があなたの過ちの一切を赦してくださることが分かるはずです。

思い煩いを主に

あなたがたのうちの誰_{だれ}が、思い煩_{わずら}ったからといって、寿命_{じゅみょう}を僅_{わず}かでも延_のばすことができようか。

マタイによる福音書 6:27

父よ、私たちの人生を導いてください。人生の心配事をすべて取り去っていただこうとは思いません。むしろ、私たちの思い煩いをあなたが覆_{おお}ってくださることを願います。私たちが心配事をあなたに言い表し、あなたに委_{ゆだ}ねることができますように。

新しい天と地

見よ、私は新しい天と新しい地を創造する。
先にあったことが思い出されることはなく
心に上（のぼ）ることもない。

イザヤ書 65:17

　私たちは皆、今いる地での一生を耐え抜くために
「未来を知りたい」「希望が欲しい」「新しく来る地に
錨（いかり）を下ろしたい」という願いを内に持っています。
　覚えておきましょう。いつの日か来る新しい天と新し
い地では、今この地での苦労など取るに足らないもの
になります。

主の祝福を忘れない

あなたが築いたのではない大きくてすばらしい町、あなたが満たしたのではないあらゆる財産で満ちた家、あなたが掘ったのではない水溜め、あなたが植えたのではないぶどう園やオリーブ畑を得て、食べて満足するとき、…主を忘れないように注意しなさい。

申命記 6:10-12

　「自分が生かされているのは自分の頑張りではなくただ主の祝福による」ということを、苦難のときほど思い出します。皮肉なことに、祝福を失って初めて、私たちはその価値を理解し、それをくださる方のことを意識するのです。主は、私たちが善い者だからではなく、ただ主が主であるゆえに私たちを祝福してくださいます。

王の王、主の主

神は、祝福に満ちた唯一の主権者、王の王、主の主、唯一の不死の存在、近寄り難い光の中に住まわれる方、誰一人見たことがなく、見ることのできない方です。この神に誉れと永遠の支配がありますように、アーメン。

テモテへの手紙一 6:15-16

父よ、あなたを賛美します。御名をほめたたえます。あなたはまことに王の王、主の主です。私たちはとこしえにあなたを礼拝し、御名を賛美します。

8月14日

思い煩いを任せる

一切の思い煩いを神にお任せしなさい。神が、あなたがたのことを心にかけていてくださるからです。

ペトロの手紙一 5:7

　あなたが一切の思い煩いを神に任せることを、神は望んでおられます。あなた自身ではなく、神にあなたの心配をしていただきましょう。

　この御言葉を読むとき、「あなたがた」を自分の名前に置き換えてみてください。ほら、安心できませんか。

耐え抜くならば

見よ、神の幕屋が人と共にあり、神が人と共に住み、人は神の民となる。神自ら人と共にいて、その神となり、目から涙をことごとく拭い去ってくださる。もはや死もなく、悲しみも嘆きも痛みもない。最初のものが過ぎ去ったからである。

ヨハネの黙示録 21:3-4

父よ、あなたは、痛み苦しみのない人生があるとはおっしゃいません。けれどもあなたは約束してくださいました。私たちがこの世を耐え抜くならば、救われる日が確かに来ると。

主 の 計 画

私は、終わりのことを初めから
まだなされていないことを昔から告げてきた
「私の計画は実現し
その望みをすべて実行する」と。

イザヤ書 46:10

　主には永遠の計画があります。あなたを主の永遠の家へと導く主の動きを止めることはできません。主の計画は、小さな私たちには及びもつかないほど大きなものです。

　あなたは主の子どもでしょうか。もしそうならば、何一つ、あなたの人生における主の計画を遅らせることはできません。

導いてください

御旨を行うすべを教えてください。

あなたは私の神です。

あなたの恵み深い霊が平らな地で

私を導いてくださいますように。

詩編 143:10

　父よ、日常生活においてもあなたに従うことができるよう、私たちを御言葉によって変えてください。何よりも先に、あなたを頼ることができますように。

　父よ、あなたの力と導きを求めます。今よりさらに大きな希望を、私たちに与えてください。

罪と向き合う

私たちが自分の罪を告白するなら、神は真実で正しい方ですから、その罪を赦(ゆる)し、あらゆる不正から清めてくださいます。

ヨハネの手紙一 1:9

　自分の過(あやま)ちと向き合うことを避け、あたかも罪がないかのような振(ふ)りをするならば、どうなるでしょうか。

　罪は、私たちが予想もしない有様(ありさま)で表に出てきます。誰(だれ)かに対する怒り、本来とは違(ちが)うことへのうっぷん、自制を欠いた発言などです。日々、自分の罪と向き合いましょう。

主 の 最 善 の 計 ら い

私の魂(たましい)よ、主(しゅ)をたたえよ。
そのすべての計(はか)らいを忘れるな。

詩編 103:2

　主は私たちをあまりにも愛しておられるがゆえに、私たちが乞(こ)い願うものをお与(あた)えにならず、代わりに本当に必要なものを与えてくださることがあります。
　主の計画こそが、あなたにとっての最善の計画であることを、忘れずにいましょう。

自分を清くする

私たちは今すでに神の子どもですが、私たちがどのようになるかは、まだ現されていません。しかし、そのことが現されるとき、私たちが神に似たものとなることは知っています。…神にこの望みを抱く人は皆、御子が清いように自分を清くするのです。

ヨハネの手紙一 3:2-3

　「自分は神の恵みによって神の目に清くされた者だ」という事実に、あなたはどう応えますか。清いままでありたいと思いませんか。あなたという神の貴い被造物に、罪の染みをつけることができますか。

御子に根ざした信仰

目を覚ましていなさい。信仰(しんこう)にしっかりと立ち
なさい。

コリントの信徒への手紙一 16:13

　あなたの信仰は、十字架(じゅうじか)で犠牲(ぎせい)の死を遂(と)げた御子(みこ)
に深く根ざした堅固(けんご)なものでしょうか。そうであるな
らば、そのような信仰は決してあなたから取り去られる
ことはありません。

風や湖さえも

イエスは言われた。「なぜ怖がるのか。信仰の薄い者たちよ。」そして、起き上がって風と湖とをお叱りになると、すっかり凪になった。人々は驚いて、「一体、この方はどういう人なのだろう。風や湖さえも従うではないか」と言った。

マタイによる福音書 8:26-27

　人生の海に嵐が吹き荒れると、私たちの一生を支配しておられるのは主であることを教えられます。同時に、主の恵みの豊かさが分かります。

　今日も思い起こしましょう。私たちには、嵐を怖がる必要などないということを。

あなたを見捨てない

私はあなたと共にいて、あなたがどこへ行くに
してもあなたを守り、この土地に連れ戻す。私
はあなたに約束したことを果たすまで、決して
あなたを見捨てない。

創世記 28:15

　神はあなたと共におられます。もう一度言います。
あなたと共におられるのです。御子が死に至り、そし
てよみがえるその時まで共におられた神が、私たちを
見捨てたりなさるでしょうか。神は今もあなたのすぐそ
ばにおられます。

　あなたは今、難しい局面にいるでしょうか。そうなら
ばなおのこと、神は近くにおられます。

わが岩、わが砦

わが岩、主(しゅ)をたたえよ。

私の手に戦いを

私の指に戦闘(せんとう)を教える方。

わが慈(いつく)しみ、わが城、わが砦(とりで)

わが救い、わが逃(のが)れの盾(たて)。

詩編 144:1-2

　危機が迫(せま)り来るとき、「自分にはとても対処できない」と思うかもしれません。今は無理かもしれません。しかし主はあなたと共におられ、必要な力を与(あた)えてくださいます。

　あなたの手に戦いを教えてくださる主に信頼(しんらい)しましょう。

主 は 嘘 を つ か な い

幸いな者…
主の教えを喜びとし
その教えを昼も夜も唱える人。

その人は流れのほとりに植えられた木のよう。
時に適って実を結び、葉も枯れることがない。
その行いはすべて栄える。

詩編 1:1-3

　主は「すべてのことはいつか実を結ぶ」と約束なさっています。主は嘘をつかない方です。主に従うことを選びましょう。そうすれば、あなたは永遠に主と共にいることになります。その時、一切が意味を成すのです。

苦しみの意味

苦しみに遭(あ)ったのは私には良いことでした。
あなたの掟(おきて)を学ぶためでした。

詩編 119:71

　試練に遭うとき、私たちは「なぜ」と自問します。しかし長い年月の後、「あの苦しみがあったからこそ学んだことがあった」と悟(さと)るでしょう。苦しみには意味があるのです。

罪からの解放

キリスト・イエスにある命の霊(れい)の法則が、罪と
死との法則からあなたを解放したからです。

ローマの信徒への手紙 8:2

　私たちは過去の失敗を忘れようと躍起(やっき)になります。
そう、過去の過(あやま)ちは忘れるべきです。それを取り出し
て弄(もてあそ)ぶことを繰(く)り返すなら、あなたはずっと罪悪感に
さいなまれ続けるでしょう。

　思い出しましょう。主(しゅ)が私たちを罪と死から解放し
てくださったということを。

静まれ

静まれ、私こそが神であると知れ。

詩編 46:11

　　スピード重視の世に生きる私たちが、すべきなのに
していないことは何でしょうか。一日の始まりに、ただ
静まって座し、神のご計画に対して心を開くことです。
そうすれば、その日何が起こっても大丈夫です。

主 の 民

主が私たちを造られた。私たちは主のもの。
主の民、その牧場の羊。

詩編100:3

　主よ、御名を賛美します。私たちが真にあなたの民
となるためには、あなたの助けが必要です。私たちの
心を開き、誠実な者としてください。私たちが喜んであ
なたに似たものへと変わり、成長することができます
ように。主よ、私たちを特別に選んであなたの民として
くださったことに、感謝します。

主の大きな計画

人の歩みは主によって確かなものとされ

その人の道を主は喜ばれる。

彼は倒れても、打ち捨てられることはない。

主がその手を支えてくださる。

詩編 37:23-24

　主のご計画はあなたの悩みや苦しみより大きなものです。あなたが危機に遭っても、主の計画が成就する速度は落ちません。このことを確信しましょう。

憤り

憤_{いきどお}りやすい者はいさかいを引き起こし
怒_{いか}りを遅くする人は争いを鎮_{しず}める。

箴言 15:18

　憤るとき、あなたは自分の傷が憎_{にく}しみに変わることを許しています。心にふつふつと湧_わき上がる怒_{いか}りは、苦々しい思いを生みます。それで苦しむのはあなた自身です。そのような傷は忘れてしまいましょう。

9月

September

希望の言葉

あなたがたのために立てた計画は、私がよく知っている——主の仰せ。それはあなたがたに将来と希望を与える平和の計画であって、災いの計画ではない。

エレミヤ書 29:11

　今日のあなたにとって最も必要なものは何ですか。希望の言葉ではないでしょうか。そう、希望の言葉は誰もが必要としています。

　神の言葉によれば、解決できない問題、不治の病、修復不可能な結婚生活などありません。望みのない状況というものが実際にあるのなら、神はとうの昔にさじを投げておられたことでしょう。

人生を生き直す

あなたがたに裁かれようと、人間の法廷で裁かれようと、私は何ら意に介しません。私は、自分で自分を裁くことすらしません。

コリントの信徒への手紙一 4:3

　神は、いつでもチャンスを与えてくださいます。決して間に合わないということはありません。

　パウロのことを考えてみましょう。パウロはかつて、神を冒瀆し、クリスチャンを迫害して殺した人物でした。しかしパウロは過去から解放されることを選びました。自分が赦されたことを固く信じて、新しい人生を生き直したのです。

問題解決の前に

助言によって計画を確かにし
導きによって戦いをせよ。

箴言 20:18

　問題の解決には、四つのものが必要です。冷静な頭脳、心の清さ、魂（たましい）の平安、確かな希望。これら四つが全部そろっていることを確認してから、解決に向けて動き始めましょう。

救いの約束

私たちには尊く大いなる約束が与えられています。それは、あなたがたがこの約束によって、世の欲にまみれた腐敗を免れ、神の本性にあずかる者となるためです。

ペトロの手紙二 1:4

　主よ、あなたの偉大な救いの約束に感謝します。私たちは時に、この世のことに希望を置き、あなたの約束から来る希望をおろそかにします。どうぞ赦してください。

温かいもてなし

旅人をもてなすことを忘れてはなりません。そうすることで、ある人たちは、気付かずに天使たちをもてなしました。

ヘブライ人への手紙 13:2

　あなたの周囲に寂しそうにしている人はいないでしょうか。その人に近づいて、親切に接しましょう。

　あなたは新しい友だちなど要らないかもしれません。けれどもそのような温かいもてなしは、その受け手だけでなく与え手にも喜びをもたらすことに気付くでしょう。

どこまでも深い愛

あなたはもはや泣くことはない。
主はあなたの叫び声に応えて
必ずあなたに恵みを与えてくださる。

主がそれを聞かれると
直ちにあなたに答えられる。

イザヤ書 30:19

　聖なる父よ、あなたには、私たちを救う責任はありませんでした。私たちに触れる義務もありませんでした。この世をめちゃくちゃにした私たちに背を向け、忘れ去ることもできたはずです。

　けれどもあなたは、私たちの痛みを御覧になり、叫びを聞いて、走り寄ってくださいました。父よ、どこまでも深いあなたの愛に、感謝します。

十字架はそこに

主よ、あなたは私たちに平和を備えてくださいます。
あなたは私たちのためにすべての業を
成し遂げてくださいました。

イザヤ書 26:12

　あなたがどんなに忙しかろうと、心がどんなに空しかろうと、十字架はずっとそこにあります。主の約束は、今日もしっかりと立ち続けています。

　多忙を極める日常生活の中にあっても、あなたは心の平和を得ることができます。それには集中力と犠牲を要するかもしれません。それでも十字架を見上げれば、主の平和を忘れずにいられるでしょう。

永 遠 の 計 画

神の豊かな知恵が、今や教会を通して天上の
支配や権威に知らされるようになったのです
が、これは、神が私たちの主キリスト・イエス
において実現してくださった永遠の計画に沿う
ものです。

エフェソの信徒への手紙 3:10-11

　キリストに従う者たちが「教会」と呼ばれるのは、永
遠の計画のゆえです。神がこの計画を心に描かれた
のは、山々や大海原が生まれ、星々が造られるはるか
に前のことでした。

　あなたも私も、神の永遠の計画の一部です。

癒やしのプロセス

人々は病人を皆イエスのところに連れて来て、せめて衣の裾にでも触れさせてほしいと願った。触れた者は皆、癒やされた。

マタイによる福音書 14:35-36

今日、あなたは痛みを覚えていますか。主の衣の裾に触れる必要がありますか。あなたの心の痛みを癒やすことのできる方は、主をおいてほかにいません。

今日があなたの癒やしのプロセスの第一日目となることを、私は祈ります。

大 切 な 時 間

今日私が命じるこれらの言葉を心に留めなさ
い。そして、あなたの子どもたちに繰り返し告げ
なさい。

申命記 6:6-7

　時間は貴いものです。しかし子育て中の親たちに
は、あまりにも時間の余裕がありません。職場から
やっとのことで家に帰り着いたと思ったら、すぐに次
の予定が入っている有様です。
　忙しくても、子どもに御言葉を伝える時間を大切に
しましょう。

聖霊の力

神は私たちにご自分の霊を分け与えてください
ました。…誰でも、イエスを神の子と告白すれ
ば、その人の内に神はとどまってくださり、その
人も神の内にとどまります。

ヨハネの手紙一 4:13,15

　主イエスの体が横たわる墓に入って行った力は、
人間には分からない方法でその体に再び命を与えま
した。その力こそ、聖霊です。聖霊の力は、あなたの内
にも働いています。

新しい霊を

私は…あなたがたに新しい心を与え、あなたがたの内に新しい霊を授ける。あなたがたの肉体から石の心を取り除き、肉の心を与える。

エゼキエル書 36:25-26

　父よ、私たちが目を上げ、あなたの視点から世を見ることができますように。あなたがなさるように、周りの傷ついた人たちに接することができるように、私たちの心を変えてください。絶え間なくあなたに感謝することができるように、私たちの霊を新しくしてください。日々、新しい目で主イエスを見上げることができますように。

主の足元に

あなたの道を主に任せよ。
主に信頼せよ。主が成し遂げてくださる。

詩編 37:5

　あなたの心配事を主に委ねることができるのは、あなただけです。ほかの人があなたに代わってすることはできません。あなただけが、あなたのことを心配してくださる主の前に、一切の不安を置くことができるのです。

　一日を始める前に、気にかかっていることすべてを主の足元に置きましょう。

知恵の言葉を

彼はそこをたち、父親のもとに行った。ところが、まだ遠く離れていたのに、父親は息子を見つけて、憐れに思い、走り寄って首を抱き、接吻した。

ルカによる福音書 15:20

　父よ、あなたは神であり、造り主です。父親のところに行く子どものように、私たちはあなたのところに向かいます。

　あなたの腕に抱いて慰めてください。そして、あなたの知恵の言葉を聞かせてください。

再び立ち上がる

私の魂は悲しみのあまり溶けてしまいそうです。

あなたの言葉どおりに私を立ち上がらせてください。

詩編 119:28

　痛みや悲しみは避けて通ることができません。けれどもその度に惨めになるか否かは、あなたしだいです。主に立ち上がらせていただきましょう。

心の声に耳を澄ます

あなたがたの内に働いて、御心（みこころ）のままに望ませ、行（おこな）わせておられるのは神であるからです。

フィリピの信徒への手紙 2:13

多数派が正しいとは限りません。多数派が決めていたら、イスラエルの民がエジプトを出ることも、ダビデがゴリアトと戦うこともなかったでしょう。イスラエルの民は多数決で奴隷（どれい）の身にとどまることを選び、ダビデの兄たちは皆（みな）で弟が羊のところに残ることを決めたに違（ちが）いないからです。人の言うことではなく、自分の心の声に耳を澄ましましょう。

あなたのすぐ近くに

主<ruby>主<rt>しゅ</rt></ruby>にあっていつも喜びなさい。もう一度言います。喜びなさい。…主は近いのです。

フィリピの信徒への手紙 4:4-5

　主よ、御名<ruby>御名<rt>みな</rt></ruby>がほめたたえられますように。私たちの前にある喜びに目を留めることができますように。永遠に続くものを見ることができますように。

　私たちの心に秘めた思いを聞いてください。今日、あなたのすぐ近くに、私たちを置いてください。

主 の 真 実 の 言 葉

「キリスト・イエスは罪人（つみびと）を救うために世に来（よ）られた」という言葉は真実であり、すべて受け入れるに値します。私は、その罪人の頭（かしら）です。

テモテへの手紙一 1:15

　主（しゅ）よ、私たちは皆（みな）、自分の現状（げんじょう）を見ながら「なぜこんなことになったのだろうか。主がご自身について語っておられることは本当なのだろうか」と疑うことがあります。けれども聖書を読み、あなたを求めた者たちの苦しみを共に味わい、あなたを見いだした者たちに励（はげ）まされるとき、御言葉（みことば）が真実であることを悟（さと）ります。あなたの言葉に感謝します。

問題に立ち向かう

悪しき日にあってよく抵抗し、すべてを成し遂げて、しっかりと立つことができるように、神の武具を取りなさい。つまり、立って、真理の帯を締め、正義の胸当てを着け、平和の福音を告げる備えを履物としなさい。これらすべてと共に、信仰の盾を手に取りなさい。

エフェソの信徒への手紙 6:13-16

　地球の上では、必ずどこかで暗雲が立ちこめています。青空の日もありますが、雨の降る日は必ず来るものです。ですから、問題から逃れる道ばかりを考えるのではなく、正面から立ち向かう方法を探しましょう。

御言葉に根ざして

神よ、私はあなたに呼びかけます。

あなたが私に答えてくださるからです。

詩編 17:6

　人生の危機を避けるためには、神の言葉にしっかりと根ざしたうえで物事を決めることです。

　難しい決断をするときには、粘り強く、確信をもって神の導きを祈り求め、御言葉に深く根を下ろして考えましょう。

主を見せてください

私は道であり、真理であり、命である。私を通らなければ、誰も父のもとに行くことができない。あなたがたが私を知っているなら、私の父をも知るであろう。いや、今、あなたがたは父を知っており、また、すでに父を見たのだ。

ヨハネによる福音書 14:6-7

　父よ、あなたをもっとよく知ることができますように。主イエスをしっかりと見つめることができるよう、私たちを助けてください。そして、私たちの信仰をもっと深いものとしてください。

頭を使う

あなたがたは蛇のように賢く、鳩のように無垢
でありなさい。

マタイによる福音書 10:16

　クリスチャンになったからといって、考えることをや
めてはいけません。主は「蛇のように賢く」あれと教え
られました。

　問題を解決しようと思ったら、まず自分の頭でよく
考えましょう。「霊的な感じがしない」ですか。しかし、
これは大変役に立つ法則です。

永遠の命の約束

私たちは、初めの確信を終わりまでしっかりと
保つなら、キリストにあずかる者となるのです。

ヘブライ人への手紙 3:14

　主よ、私たちが希望を天に置き、永遠の命の約束を
固く握ることができますように。そうすることで、私たち
は困難や人生の嵐に耐えることができるでしょう。

　あなたの聖なる言葉で、私たちの傷ついた心を癒
やしてください。

誰を恐れよう

主はわが光、わが救い。
私は誰を恐れよう。
主はわが命の砦。
私は誰におののくことがあろう。

詩編 27:1

　クリスチャンは、危機のさなかにあっても他人の意見や感情に左右されることはないはずです。

　いちばん大切なものを見失わないよう、御言葉と信仰にしっかりとつながっていましょう。

キリストを主とする

苦しむ人に良い知らせを伝えるため
主(しゅ)が私を遣(つか)わされた。
心の打ち砕(くだ)かれた人を包み
捕(と)らわれ人(びと)に自由を
つながれている人に解放を告げるために。

イザヤ書 61:1

　キリストを救い主(ぬし)と認めるということは、何を意味するのでしょうか。希望のない者に希望がもたらされ、死んだ者に命が与(あた)えられ、見捨てられた者に福音(ふくいん)（良い知らせ）が伝えられるということです。

　あなたも私も、キリストを救い主として信じた者です。

悔い改めの本質

すべての人と共に平和を、また聖なる生活を追い求めなさい。聖なる生活を抜きにして、誰も主を見ることはできません。

ヘブライ人への手紙12:14

　主がどれほどあなたを愛してくださっているか、目を凝らし、心を研ぎ澄まして見てみましょう。信じられないほどの愛ではないでしょうか。

　だからこそ、「生き方を変えたい」と思いませんか。その決心こそ、悔い改めの本質です。

罪を認める

あなたの民イスラエルが、皆それぞれ苦しみと痛みを抱え、この神殿に向かって両手を広げて祈るなら、どのような祈りも、どのような願いも、あなたは住まいである天からそれを聞いて赦してください。

歴代誌下 6:29-30

　神に赦されたい、再び御前に立ちたいという願いがありますか。ではどうしたらよいでしょうか。あなたが間違ったことを神の前に認めることです。

　神はあなたの過ちを憎まれる以上に、あなたを愛しておられますから、必ず赦してくださいます。

天 の 国

心の貧しい人々は、幸いである
天の国はその人たちのものである。

悲しむ人々は、幸いである
その人たちは慰(なぐさ)められる。

へりくだった人々は、幸いである
その人たちは地を受け継(つ)ぐ。

マタイによる福音書 5:3-5

　主イエスは人の意に反した救(すく)い主(ぬし)でした。メシアは、敵の城を攻(せ)め落とそうと進軍する国王のように現れるはずでした。しかし、主が村々を巡(めぐ)って語られたのは、普通(ふつう)とは違(ちが)った王国のことでした。

　戦争や復讐(ふくしゅう)のことではなく、優しさや親切、また柔(にゅう)和(わ)であることについて、主はお話しになったのです。

神の領域

地に住む者は皆、無に等しく
天の軍勢も地に住む者も御旨のままに扱われる。
その手を押さえて
「あなたは何をなさるのか」と言える者はない。

ダニエル書 4:32

　祈りには大きな力があります。神は私たちの祈りに応えて傷ついた者を癒やし、死者をよみがえらせることもできると、私は信じています。しかし、人は神に指図することはできません。神が全能であることを信じることと、神のことを願いをかなえてくれる天の召し使いと見なすこととは違います。神がなさる最善に信頼し、神の領域に出しゃばることはやめましょう。

神 に 問 い か け る

私は神に呼びかける。
主(しゅ)は私を救ってくださる。

夕べも朝も、そして昼も
私は嘆(なげ)き、呻(うめ)きます。

神は私の声を聞いてくださる。

詩編 55:17-18

神に疑問を呈(てい)することは罪ではありません。不信仰(ふしんこう)は罪です。しかし問いを投げかけること、つまり、真剣(しんけん)に求めることを、神は問題になさいません。

神の前に立つとき、問うてはならないことなどないのです。

10月

October

信仰が試されるとき

私は、弱さ、侮辱、困窮、迫害、行き詰まりの中にあっても、キリストのために喜んでいます。なぜなら、私は、弱いときにこそ強いからです。

コリントの信徒への手紙二 12:10

　お金もあり、子どもも元気で、結婚生活もうまくいっていれば、信仰を保つのは難しいことではありません。望むものすべてを神が与えてくださる間は、です。

　信仰が本当に試されるのは、困難や試練に遭うときです。しかし、あなたは、弱いときにこそ強いのです。

慈しみを宣べ伝える

御言葉（みことば）を宣（の）べ伝えなさい。時が良くても悪くても、それを続けなさい。

テモテへの手紙二 4:2

　クリスチャンが宣べ伝えるべきことは何でしょうか。主（しゅ）の慈（いつく）しみです。

　何よりもまず、主が善いお方であることを伝えましょう。この良い知らせを広めましょう。そして、人に慰（なぐさ）めを与（あた）える者となりましょう。

クリスチャンの目標

あなた自身、良い行いの模範となりなさい。教える際には、高潔で品位を保ち、非難の余地のない健全な言葉を語りなさい。

テトスへの手紙 2:6-8

　私たちが目指すのは、自分が人に「すばらしい」と言われることでしょうか。そうではなく、「この人が仕えている神はすばらしい」と言われるようにしましょう。

　私たちのすべきことは、「あなたの神のことを知りたい」と人が思うように、神を指し示すことです。

神のメッセンジャー

あなたがたは神に選ばれた者、聖なる、愛されている者として、憐れみの心、慈愛、謙遜、柔和、寛容を身に着けなさい。

コロサイの信徒への手紙 3:12

　クリスチャンは、神の憐れみを伝えるメッセンジャーです。必要が満たされていない人、道に迷い途方に暮れている人、励ましの必要な人、病の床にある人、孤独な人と共にいましょう。

　ちょうどキリストが、貧しい人、道を見失った人、元気を無くした人、病気の人、寂しい人と共におられたように。

人をもてなす

さあ、私の父に祝福された人たち、天地創造の時からあなたがたのために用意されている国を受け継ぎなさい。あなたがたは、私が飢えていたときに食べさせ、喉が渇いていたときに飲ませ…てくれたからだ。

マタイによる福音書 25:34-36

　人をもてなすのは、感心してもらうためにすることではなく、神の愛を映す行為です。もてなすのにお金持ちである必要はありません。

　ある人がこう言っています。「貧しいときに人に簡素な食事も出せない人が、豊かになったからといって豪華な食事をごちそうできるはずがない。」プライドに邪魔されることなく、できる範囲で人をもてなしましょう。

信 仰 が あ る な ら ば

信仰とは、望んでいる事柄の実質であって、見
えないものを確証するものです。

ヘブライ人への手紙 11:1

　あなたには信仰がありますか。信仰があるならば、
問題が迫って来る前にそれに立ち向かうことができ
ます。

　あなたには確かな希望がありますか。希望がある
ならば、どのような困難にも対処することができます。

休みを求めて

平安のうちに、私は身を横たえ、眠ります。
主よ、あなただけが、私を
安らかに住まわせてくださいます。

詩編 4:9

　体だけでなく心も休み、平安を見いだし、満たされた思いを持つことを、私たちはずっと求めています。
　「あなたがたを休ませてあげよう」と語る大工の言葉に説得力があるのは、私たちが途切れることなく休みを求めているからではないでしょうか。

賜物を用いる

あらゆる良い贈り物、あらゆる完全な賜物は、上から、光の源である御父から下って来るのです。

ヤコブの手紙 1:17

　神に与えられた賜物を用いましょう。あなたには励ましの賜物、教える賜物、あるいは、ほかの賜物があるかもしれません。

　あなたの賜物を、キリストを輝かせるために使いましょう。

信仰と力と希望

希望の源である神が、信仰によって得られるあらゆる喜びと平和とであなたがたを満たし、聖霊の力によって、あなたがたを希望に満ち溢れさせてくださいますように。

ローマの信徒への手紙 15:13

　父よ、あなたは、信仰と力と希望を私たちに与えると、約束してくださいました。
　不安のゆえに夢を捨てた人、病気のために希望を失った人、肩に担えないほど大きな重荷を抱えた人たちを、どうぞ力づけてください。

主 の 軛 を 負 う

私は柔和で心のへりくだった者だから、私の軛を負い、私に学びなさい。そうすれば、あなたがたの魂に安らぎが得られる。私の軛は負いやすく、私の荷は軽いからである。

マタイによる福音書 11:29-30

　軛とは、二頭の牛をつなぎ、二頭が一緒に鋤を引いて畑を耕すことができるようにする道具です。

　主イエスは「私の軛を負いなさい」とおっしゃいます。しかし私たちの多くは、主につながれることなく独りで軛を引きずり、自分の力で鋤を引こうと苦心しています。私たちはまず、「自分には主が必要だ」と認めることが大切なのではないでしょうか。

赦 さ れ る た め に は

御顔を私の罪から隠し
あらゆる過ちを拭ってください。

詩編 51:11

　赦されるためにまずすべきことは、自分の罪を認めることです。自分の罪を認め、神に赦しを乞いましょう。

真に満たされるには

世も世にあるものも、愛してはなりません。世を愛する人がいれば、御父（おんちち）の愛はその人の内にありません。すべて世にあるもの、すなわち、肉の欲、目（め）の欲（え）、見栄を張った生活は、父から出たものではなく、世から出たものだからです。

ヨハネの手紙一 2:15-16

　あなたも満たされることを求めてきましたか。上（のぼ）り詰（つ）めたと思っても、もはやそこに満足できない自分に気付いたことはありますか。完璧（かんぺき）な伴侶を探して結婚（けっこん）したのに、相手が完璧でないことが分かりましたか。

　世にあるものに真の満足を求めることはできません。キリストを通してのみ、人は本当に満たされることができます。

主イエスが怒る？

それからイエスは、数々の奇跡が行われたのに悔い改めなかった町を、叱り始められた。

マタイによる福音書 11:20

　主イエスが怒るですって？ そう、主は拳を握りしめ、眉をひそめ、顔を赤らめて、首には青筋を立てて怒っています。

　人々が悔い改めることを、主は求めておられます。

ただ主を信じて

私が「足がよろめく」と言ったとき
主よ、あなたの慈しみが私を支え
思い煩いが私の内を占めるときも
あなたの慰めが私の魂に喜びを与える。

詩編 94:18-19

　思い煩って良い結果になったことがありましたか。
心配は私たちの思いを乱し、初志貫徹を妨げます。
　何か心配な問題があるなら、ただ主に信頼し、すべきことをするのみです。

最後の招き

すべて重荷を負って苦労している者は、私のもとに来なさい。あなたがたを休ませてあげよう。

マタイによる福音書 11:28

　主イエスは大きく息を吸い、疲れた顔をした人々の方を振り向きます。農家の人、子育て中の人、会社員。皆、主がお話しになるのを聞きに集まって来ました。

　主はこの人たちを、「私のもとに来なさい」と招かれました。これが主の「最後の招き」でした。

争いを避ける

争いを避けることは人の誉れ。

無知な者は皆、争いを引き起こす。

箴言 20:3

　人との衝突は避けられません。しかし、争いは避けられます。

　争いに発展する前に衝突を解決しましょう。あなたには、そのための力が主によって豊かに備えられています。

赦しなさい

もし、人の過ち(あやま)を赦(ゆる)すなら、あなたがたの天の
父もあなたがたをお赦しになる。しかし、もし人
を赦さないなら、あなたがたの父もあなたがた
の過ちをお赦しにならない。

マタイによる福音書6:14-15

　あなたが神に赦されたのなら、人を赦すこともでき
るはずです。赦しなさい。あなたが神の慈しみを頂(いつく)い
たのなら、頂いた慈しみを人にも与(あた)えなさい。
　あなたが神を傷つけたほどにあなたを傷つけた人
など、誰(だれ)もいないはずです。

完璧な人はいない

互いに親切で憐れみ深い者となり、神がキリストにおいてあなたがたを赦してくださったように、互いに赦し合いなさい。

エフェソの信徒への手紙 4:32

　誰かと仲直りをしようとするときには、必ず覚えておきましょう。完璧な友情も、完璧な結婚もなく、完璧な人もいないということを。

　人との関係を修復しようとあなたが決意し、愛と忍耐と一致をもって平和を築こうとするならば、難しい状況も美しいものに変えることができるでしょう。

霊の執り成し

霊もまた同じように、弱い私たちを助けてくだ
さいます。私たちはどう祈るべきかを知りませ
んが、霊自らが、言葉に表せない呻きをもって
執り成してくださるからです。

ローマの信徒への手紙 8:26

　父よ、今日、私たちの心にあなたを招き入れます。今
日のこの日は、あなたの霊なしでは存在しないも同然
です。霊は私たちの罪を明らかにし、同時に、あなた
の愛を確信させてくれます。また、私たちを励まし、助
けてくれます。

　私たちは独りでは何もできません。私たちのするこ
とすべてに、あなたの助けを求めます。

重荷を主に委ねる

あなたの重荷を主に委ねよ。

この方はあなたを支え

正しき人を揺るがせることはとこしえにない。

詩編 55:23

　主のところに行き、あなたの重荷を担ってくださるようお願いするならば、あなたは休むことができると主はおっしゃいます。

　あなたも主に言いましょう。「私にはこの荷は重すぎます。もう独りでは運べません。どうぞ私と一緒に担ってください。」

落ち着いて考え抜く

立ち帰って落ち着いていれば救われる。
静かにして信頼していることにこそ
あなたがたの力がある。

イザヤ書 30:15

　問題に突き当たったなら、まずは落ち着きましょう。
それから考え始めましょう。問題をなかったことにした
り、正当化しようとしたりしてはいけません。問題から
逃げてもいけません。

　とにかく考え抜きましょう。神の助けを求めつつ。

愛 の 契 約

彼らは私の民となり、私は彼らの神となる。

エレミヤ書 32:38

　人を造られた神は、「あなたは私の民、私はあなたの神」と私たちに請け合ってくださいます。

　この保証は、神の一時的な感情によるものではありません。私たちが完璧であるがゆえに与えられるものでもありません。神が人と結んでくださった、愛の契約に基づくものです。

世界の隅々にまで

この御国（みくに）の福音（ふくいん）はすべての民族への証（あか）しとして、全世界に宣べ伝えられる。

マタイによる福音書 24:14

　父よ、世界の隅々（すみずみ）にまであなたの福音を宣べ伝えようと人生を献（ささ）げている人たちのために祈（いの）ります。あなたの祝福と力（あた）を与えてください。

　私たちの目を開き、私たちが会ったことのない人たちや聞いたことのない言語の存在に気付かせてください。あなたに仕（つか）えることができる特権に、感謝します。

あなたと同じ目を

エルサレムに近づき、都が見えたとき、イエスはその都のために泣いて、言われた。「もしこの日に、お前も平和への道をわきまえていたなら……。」

ルカによる福音書 19:41-42

　主よ、私たちの視野を広げて、あなたと同じ目で世界を見ることができるようにしてください。

　地球上の罪をあなたが悲しむように、私たちも悲しむことができますように。世界の飢餓にあなたが涙するように、私たちも泣くことができますように。人や自然をあなたのように思いやることができるように、私たちにもあなたの目を与えてください。

救いの共同相続者

家に煩いをもたらす者は風を受け継ぎ
無知な者は心に知恵ある人の奴隷となる。

箴言 11:29

　家庭とは、永遠の救いを共に相続するため、家族が共に働く場です。あなたの家庭生活は、御国へと続く道なのです。

　主に聞きながら、家族で協力し合って家庭を築き上げましょう。

自分の心を吟味する

おのおの自分の行いを吟味しなさい。そうすれ
ば、自分だけには誇れるとしても、他人には誇
れなくなるでしょう。

ガラテヤの信徒への手紙 6:4

　正直に、根気強く、神の前に祈りつつ、自分の心の
中を見つめてみましょう。人との関係を修復するため
に最大限の努力をしていますか。
　そうでない自分に気付くことができるなら、恨みの
感情は薄まり、相手を理解する気持ちが生まれてくる
ことでしょう。

責任は話し手に

人にしてもらいたいと思うことは何でも、あなたがたも人にしなさい。

マタイによる福音書 7:12

　「コミュニケーションの責任は話し手にあり、聞き手にあるのではない」ということに気付くこと。それも、主に従うことです。誰かと意思疎通を図りたいと思うなら、聞き手に分かってもらうのはあなたの責任です。

　相手の立場に立って、相手に分かる言葉で話しましょう。相手の心の傷や恐れを自分のことのように受け止め、相手の力になりましょう。

十字架に立ち帰る

自分の罪が拭い去られるように、悔い改めて立ち帰りなさい。

使徒言行録 3:19

主よ、多忙のさなかに、あなたのところに来ました。時間を節約しようとしてかえって忙しくなり、自由をもたらすはずのものに逆に縛られていると感じます。

この世で唯一変わらないものは、あなたの十字架です。ですから十字架に立ち帰ります。

あなたの目に適うことだけをする勇気を、私たちに与えてください。

あなたの内に住む神

あなたがたは神の神殿であり、神の霊が自分
の内に住んでいることを知らないのですか。

コリントの信徒への手紙一 3:16

　「神があなたの内に住んでおられる」という事実に
ついて、よく考えてみましょう。あなたに命を与える力
について、思いを巡らせましょう。

　自分が神の神殿であるということを本当に理解す
るならば、あなたが今日行く所やすることが、変わって
くるかもしれません。

一生のプロセス

私たちは皆、顔の覆いを除かれて、主の栄光を鏡に映すように見つつ、栄光から栄光へと、主と同じかたちに変えられていきます。これは主の霊の働きによるのです。

コリントの信徒への手紙二 3:18

　救いはすでに成し遂げられたプロセスです。それは決して取り去られることはありません。
　一方、聖化は人生の長きにわたるプロセスです。栄光の一段階から、次の段階へ。キリストの内に成長し、古いものを捨て、新しいものを身に着けていく過程です。

感 謝 す る 理 由

私たちの主イエス・キリストによって私たちに
勝利を与えてくださる神に、感謝しましょう。

コリントの信徒への手紙一 15:57

　あなたには感謝する理由があります。まず、あなた
は神の計画の一部です。次に、あなたは優しい神に
触れられています。そして、あなたは神に勝利を与え
られた者です。これ以上の祝福があるでしょうか。

11月

November

礼拝とは仕えること

感謝しつつ、畏れ敬いながら、神に喜ばれるよ
うに仕えていきましょう。

ヘブライ人への手紙 12:28

　知っていますか。暮らしに困っている人のところに
食べ物を持っていくことは礼拝です。優しい言葉を必
要としている人に話しかけるのも礼拝です。誰かに励
ましの手紙を書くことも、人と一緒に聖書を読むこと
も、礼拝です。

生きる理由

神が私たちを救い、聖なる招きによって呼び出してくださったのは、私たちの行いによるのではなく、ご自身の計画と恵みによるのです。

テモテへの手紙二 1:9

　あなたの一生は神が見ておられる永遠の夢の一部です。

　今日はやる気が出ませんか。生きる気力がありませんか。それでも心を新たにしましょう。あなたも神に召された一人だという動かない事実があるからです。

　あなたには、生きる理由があるのです。

罪 は 覆 わ れ て い る

あなたがたの罪がたとえ緋（ひ）のようでも

雪のように白くなる。

たとえ紅（くれない）のように赤くても

羊毛のように白くなる。

イザヤ書 1:18

　これからもずっと変わらない事実があります。「あなたは赦（ゆる）されている」という事実です。

　神があなたを御覧（ごらん）になるとき、あなたがキリストにあるなら、あなたの罪は覆（おお）われていて見えません。神から見たあなたは、あなた自身から見たあなたより良いのです。実にすばらしいことではありませんか。

私の家は主に仕える

私と私の家は主に仕える。

ヨシュア記 24:15

　神よ、私たちが家庭においても主イエスに似たものとなることができますように。私たちの家から悪いものを遠ざけ、あなたの近くに私たちを置いてください。

　私たちの家庭が、あなたの愛を人に証しするものとなりますように。

友 な き 者 の 友 と

イエスはその場所に来ると、上を見上げて言われた。「ザアカイ、急いで降りて来なさい。今日は、あなたの家に泊まる<ruby>泊<rt>と</rt></ruby>まることにしている。」ザアカイは急いで降りて来て、喜んでイエスを<ruby>迎<rt>むか</rt></ruby>えた。

ルカによる福音書 19:5-6

　<ruby>主<rt>しゅ</rt></ruby>は人の友となるために地上に来られました。クリスチャンとしての私たちの地上の仕事は、そのような主の姿を人に示すことです。

　今日あなたは、友を必要としている人に出会うかもしれません。あなたがその必要を満たしましょう。今日その人の友となることで、その一生が永遠に変わるかもしれないのです。

赦し、手放す

私たちの負い目をお赦しください
私たちも自分に負い目のある人を
赦しましたように。

マタイによる福音書 6:12

　あなたの人生に平安が欲しいなら、いちばん良い
のは人を赦すことです。人の間違いを正当化するの
ではありません。ただ赦しなさい。そして手放しなさ
い。

　あなたはすでに、あなたが人を赦すよりもはるかに
多く、神に赦されています。

魂の平和

たとえ闘い<ruby>闘<rt>たたか</rt></ruby>を挑<ruby>挑<rt>いど</rt></ruby>む者が多くても
私の魂を平和のうちに贖<ruby>贖<rt>あがな</rt></ruby>い出してくださる。

詩編 55:19

　主<ruby>主<rt>しゅ</rt></ruby>よ、どうぞ私たちの内に入り、私たちを助け、導き、力を与<ruby>与<rt>あた</rt></ruby>えてください。あなたに似たものへと変わる力が、私たちの中にはないからです。

　私の魂を平和のうちに贖い出して、「あらゆる人知を超えた神の平和」の意味を、なおいっそう理解させてください。

忙しいことは罪か

たとえ人が全世界を手に入れても、自分の命を損なうなら、何の得があろうか。人はどんな代価（だいか）を払（はら）って、その命を買い戻（もど）すことができようか。

マタイによる福音書 16:26

　忙（いそが）しいことは罪ではありません。主（しゅ）イエスも忙しくしていました。パウロもペトロもです。疲（つか）れるほど力を注ぎ、努力しなければ、意味のある仕事はできません。忙しいこと自体は罪ではないのです。

　しかし、心を損（そこ）なう空（むな）しいもののためにあくせく働くことを、主は喜ばれません。あなたはなぜ忙しいのか、もう一度考えてみましょう。

神 の 力

私たち信じる者に力強く働く神の力が、どれほど大きなものかを悟(さと)ることができますように。

エフェソの信徒への手紙 1:19

　私たちの中に住む神の力は、この世界が創造された時に働いていた力そのものです。この力は、ダビデにも、預言者(よげんしゃ)たちにも働いていました。今日もあなたの内に働いています。

　この力によって、あなたは神の救いを確信し、罪に気付かされ、備(そな)えられ、励(はげ)まされています。

神 の 神 殿

肉と霊のあらゆる汚れから自分を清め、神を畏れ、完全に聖なる者となりましょう。

コリントの信徒への手紙二 7:1

　神が私たちの内に住まうことを選ばれたので、私たちの体は骨と肉から成る肉体以上のものになりました。

　私たちの体は、神が住まわれる神殿なのです。神のお住まいを汚してはなりません。

恵みを無駄にしない

私は…律法に死にました。私はキリストと共に十字架につけられました。…私は神の恵みを無駄にはしません。なぜなら、もし義が律法を通して得られるならば、キリストの死は無駄になってしまうからです。

ガラテヤの信徒への手紙 2:19,21

　父よ、私たちは与えられた自由に心弾ませてあなたのために働きます。しかし、どれほどの優れた働きも、あなたの大いなる恵みに代わるものではありません。

　私たちの視野を広げ、律法主義や硬直した考え方から自由にしてください。あなたの御業への驚きを、新鮮なままに保つことができますように。

離婚した人のために

主がその民に力を与えてくださるように。

主がその民を祝福してくださるように

平安のうちに。

詩編 29:11

　今日私は、離婚を経験した人のために特別に祈ります。主よ、どうぞこの人たちに平安を与えてください。あなたの御手の中に包み、傷を癒やしてください。この傷を癒やすことができるのは、ただあなただけです。

神の賜物と招き

神の賜物と招きは取り消されることがないからです。

ローマの信徒への手紙 11:29

あなたという存在は、神の計画のどこにあるのでしょう。

それを知るためには、まず神の慈しみに注目しなければなりません。自分の内側を見つめるのではなく、神を見上げましょう。神の愛の御業に思いを巡らせ、理解するのです。

神の招きとは、なんとすばらしいものでしょうか。

毎日が礼拝

自分の体を、神に喜ばれる聖なる生けるいけにえとして献（ささ）げなさい。これこそ、あなたがたの理に適（かな）った礼拝（れいはい）です。

ローマの信徒への手紙 12:1

　聖書的な意味での礼拝とは、日曜の朝正装して教会に行くことではありません。礼拝とは、生涯（しょうがい）、一日の休みもなく、犠牲（ぎせい）の祭壇（さいだん）の前に自らを置くというプロセスなのです。礼拝とは、私たちがすることすべてにおいてキリストの指針に従い、生きるということです。

　日曜日だけでなく、一週間のあなたの行動をもって神を賛美（さんび）しましょう。

恵みとは

私たちは皆、この方の満ち溢れる豊かさの中から、恵みの上にさらに恵みを与えられた。

ヨハネによる福音書 1:16

　　恵みは神からのうれしいサプライズプレゼントです。神の優しい言葉と御手、それが恵みです。

　　恵みは得ようとして得られるものではなく、何かのご褒美でもありません。拒むことなどとてもできないほど、すばらしいものです。神の恵みを今日も受け取りましょう。

主 が 人 を 見 る 目

バルティマイという盲人（もうじん）が道端（みちばた）に座って物乞（ものご）いをしていた。ナザレのイエスだと聞くと、「ダビデの子イエスよ、私を憐（あわ）れんでください」と叫（さけ）び始めた。…イエスは立ち止まって、「あの人を呼んで来なさい」と言われた。

マルコによる福音書 10:46-47,49

　主（しゅ）イエスは、社会から忘れられた人に愛を示すことで、ご自身がメシアであることを証（あか）しなさいました。

　耳の聞こえない人、目の見えない人、体の不自由な人、人が忌（い）み嫌（きら）う病にかかった人、つまり希望を失った人たちを、主は愛されました。私たちとは違（ちが）う目で、主は人を見ておられたのです。

かたくなな心

今日、あなたがたが神の声を聞くなら
神に背（そむ）いた時のように
心をかたくなにしてはならない。

ヘブライ人への手紙 3:15

　父よ、心のかたくなな私たちを憐（あわ）れんでください。あなたの偉大（いだい）さを証（あか）しできる者でありながら、あなたがおられないかのように生きている私たちを、どうぞ赦（ゆる）してください。悔（く）い改めの意味を、私たちに教えてください。

ハーモニー

どうか今、僕の家を祝福し、御前でとこしえに長らえさせてください。主よ、あなたが祝福されたものは、とこしえに祝福されるのですから。

歴代誌上 17:27

　神があなたの家庭に求めておられるのは、ハーモニーです。つまり、家族一人一人はそれぞれの音色を奏でていても、同じ目的を持ち、同じ曲を演奏しているという状態です。

　あなたの家庭のハーモニーは、美しく響いているでしょうか。

人生を主に委ねる

心の企(くわだ)ては人間のもの。

口の答えは主(しゅ)から来る。

人の道は自分の目にはすべて清く映る。

だが主はその魂(たましい)を調べる。

業(わざ)を主に委(ゆだ)ねよ。

そうすれば、あなたが計(はか)らうことは堅(かた)く立つ。

箴言 16:1-3

　「自分の人生を主に委(ゆだ)ねる」とは、どのようなことでしょうか。まず主のところに行き、「私はあなたのものです。御旨に従って私をお用いください」と言うことです。

　主の御心(みこころ)とご計画が何かを探し始めるのは、その後にしましょう。

11月20日

主に焦点を合わせる

主の前に沈黙し、主を待ち望め。

詩編 37:7

　　頂上に立ち続けるために高速道路をひた走るような毎日を送っていると、「速く走れば走るほど内面は空しくなる」ということに気付かされます。先を急ぐことばかり考え、静まって思いを巡らせる時間を取らないでいると、多くのことが犠牲になります。

　　ただ主のみに焦点を合わせて、人生の優先順位を思い切って並べ替えてみませんか。

祈りを神に委ねる

私が心に悪事を見ているなら
わが主はお聞きにならないでしょう。

しかし、まことに神は聞き入れ
私の祈る声に心を向けてくださいました。

詩編 66:18-19

　視野の狭い私たちは、何を祈ったらよいのかさえ分からない者です。私たちの祈りが自分のためにならない場合があることも、神はよくご存じです。

　私たちの祈りを神に委ねましょう。そして、神が正しく判断してくださることを信じましょう。

惜しみない愛

私はとこしえの愛をもってあなたを愛し
慈しみ(いつく)を注いだ。

エレミヤ書 31:3

　あなたが何をしようと、どこまで落ちようと、どれほ
ど醜く(みにく)なろうと、神には関係ありません。神の愛は、ど
こまでも深く、絶えることも消えることもない愛です。
　惜しみない神の愛から、あなたは離れる(はな)ことはで
きません。そう、絶対に。

諦めずに祈る

私はあなたの祈りを聞き、あなたの涙を見た。

列王記下 20:5

　あなたは子どもの問題で涙していますか。諦めてはなりません。主イエスの母マリアのことを考えてみましょう。マリアは御子イエスが十字架につけられるのを見なければなりませんでしたが、やがて御子はよみがえりました。あなたも「祈りは聞かれるのか」といぶかりながら墓に行くかもしれません。しかし祈ることをやめてはなりません。神は誠実な祈りを祝福されます。

命のないもの

私は復活であり、命である。私を信じる者は、死んでも生きる。生きていて私を信じる者は誰も、決して死ぬことはない。

ヨハネによる福音書 11:25-26

　人はなぜ疲れるのでしょうか。真に心を満たすことのないものを追い求めるからです。

　私たちの情熱も、所有物も、プライドも、どれもみな死んだものにすぎません。命のないものから命を得ようとするならば、その結果は疲れと不満だけです。

職業より大切なもの

両手を労苦で満たして風を追うよりも
片手を安らぎで満たすほうが幸い。

コヘレトの言葉 4:6

　ある空軍総司令官が退職するとき、部下に向かって次のように語ったそうです。「私の人生の優先順位は、第一に信仰、第二に家族でした。軍に入隊した時点で、退役の日が来ることが分かっていたからです。軍隊生活に全人生を懸けていたら、退職後はどうなるでしょうか。しかし人生の中心を信仰と家族に置くなら、退職しても何もなくなりはしません。」

主 の 真 実 の 声 に

あなたが右に行くときも、左に行くときも
あなたの耳は、背後から
「これが道だ、ここを歩け」と語る言葉を聞く。

イザヤ書 30:21

　主よ、世ではなくあなたに「はい」と応えることができますように。成功や権力について声高に語る世の声ではなく、あなたの真実の声に、耳を澄ますことができますように。

　そのためにどうしたらよいのか、私たちには分かりません。ですからどうぞ来てください。そして、私たちを助けてください。

持てる賜物を

私たち一人一人に、キリストの賜物の秤に従って、恵みが与えられています。

エフェソの信徒への手紙 4:7

　神に賜物を豊かに与えられた才能のある人たちを見ると、羨ましく思いませんか。私もそうです。しかし神は、「自分には何もできない」と私たちが後ろめたく思うことを望んではおられません。

　神は、備えてくださった賜物以上のことに私たちを召されることはありません。持てる賜物を用いましょう。

11月28日

主が召される人とは

主に喜ばれるものが何かを吟味しなさい。

エフェソの信徒への手紙 5:10

　壊れた人間関係を修復する必要があるのなら、まずは自分の心を吟味することです。心の中を見つめましょう。あなたは何者ですか。どのような人を主は召しておられるでしょうか。

　怒った人、苦々しい思いを抱えた人を、主は求めていますか。それとも、愛する人、赦す人となることに、あなたを召しておられるでしょうか。

目 に 見 え な い も の

私たちは、この宝を土の器に納めています。計り知れない力が神のものであって、私たちから出たものでないことが明らかになるためです。

コリントの信徒への手紙二 4:7

　私たちにとっていちばん大切なものは、目に見えないものではないでしょうか。愛、優しさ、幸せ、空気、感覚、感情などは、どれも触ることはできないのに、現実にあるものです。

　神の力も同じです。触ることはできませんが、本当に存在しており、私たちがすでに受けているものです。

たゆまず善を

人は、自分の蒔いたものを、また刈り取ることになるのです。自分の肉に蒔く者は、肉から滅びを刈り取り、霊に蒔く者は、霊から永遠の命を刈り取ります。たゆまず善を行いましょう。倦むことなく励んでいれば、時が来て、刈り取ることになります。

ガラテヤの信徒への手紙 6:7-9

世間一般の意見が不道徳や税金逃れを良しとするものであるとき、神の声を聞くことは容易ではありません。

それでも、変わらず誠実に、神の目に適う正しいことをしましょう。神はそのような人を祝福してくださいます。

12月

December

自分のことも赦す

幸いな者
主に過ちをとがめられず、その霊に欺きのない人。

詩編 32:2

　父よ、あなたが私たちを赦してくださったように、自分自身のことをも赦すことができますように。

　過去の過ちという重荷を背負い、それにがんじがらめになって生きるのではなく、あなたの恵みによって自由にされて生きることができますように。

あなたの計らいは

主よ、あなたの働きは私を喜ばせる。

私はあなたの手の業を喜び歌おう。

主よ、あなたの業はなんと大きく

あなたの計らいはいかに深いことか。

詩編 92:5-6

　父よ、あなたのご計画はすべて、私たちの能力ではなく、あなたの愛に根ざしています。そのことを私たちに分からせてください。あなたの愛に捕らえられ、あなたの恵みに圧倒されることを望みます。

　あなたが備えてくださった美しい道筋をたどり、あなたの家に帰ること、それが私たちの願いです。

人知を超えた平和

どんな場合にも、感謝を込めて祈りと願いを献げ、求めているものを神に打ち明けなさい。そうすれば、あらゆる人知を超えた神の平和が、あなたがたの心と考えとをキリスト・イエスにあって守るでしょう。

フィリピの信徒への手紙 4:6-7

　つかの間の満足のために主との貴い関係を犠牲にするなら、「人知を超えた神の平和」を得ることはできません。

　刹那的な気晴らしではなく、永遠に満ち足りることを選びましょう。

12月4日

必要なことだけに

何を食べようか、何を飲もうかとあくせくするな。…あなたがたの父は、これらのものがあなたがたに必要なことをご存じである。ただ、神の国を求めなさい。そうすれば、これらのものは添えて与えられる。

ルカによる福音書 12:29-31

　あくせくした生き方を何とかしたいと思うなら、あなたの生活から不必要なことを取り除きましょう。

　神が望んでおられる場所に行きたいと願うなら、必要なことだけに集中しましょう。

物欲の罠

金持ちになろうとする者は、誘惑、罠、無分別で有害なさまざまの欲望に陥ります。その欲望が人を破滅と滅亡へと突き落とすのです。

テモテへの手紙一 6:9

　大切なことを覚えておいてください。物質的な欲に負けて必要のない借金を背負うことはやめましょう。そのことによって家庭に心が向かなくなり、家族関係が台無しになるかもしれません。

　かたくなまでに、根気強く自分を律して、物欲の罠にはまらないようにしましょう。

まことの友

四人の男が体の麻痺した人を担いで、イエスの
ところへ運んで来た。しかし、大勢の人がいて、
御もとに連れて行くことができなかったので、
イエスがおられる辺りの屋根を剝がして穴を
開け、病人が寝ている床をつり降ろした。

マルコによる福音書 2:3-4

　主イエスのところに友人たちが病人を担いで行き、
この人が癒やされた話は、まことの友について教えて
います。

　窓にも戸口にも人が群がっているのを見たとき、こ
の友人たちはきびすを返すこともできたでしょう。しか
しそれどころか、屋根に穴を開けて友をつり降ろした
のです。なんと誠実な友でしょうか。

天 で の 報 い

私のために、人々があなたがたを罵り、迫害し、ありもしないことで悪口を浴びせるとき、あなたがたは幸いである。喜びなさい。大いに喜びなさい。天には大きな報いがある。あなたがたより前の預言者たちも、同じように迫害されたのである。

マタイによる福音書 5:11-12

　地上で生きている間に遭う困難は一時的なもの、しかしその報いは永遠のものです。

　天で私たちが受ける報いは、私たちがどれだけ天の父に誠実であったかによって決まります。神に対する真心を日々新しくしましょう。一日の初めに、何よりも優先して、神との関係を築き直しましょう。

人 の 道 は 主 の もの

主^{しゅ}よ、私は知っています。

人間の道はその人自身のものではなく

歩く者が自分自身の足取りを

確かにすることもできないことを。

エレミヤ書 10:23

　主よ、祈^{いの}ります。私たちが疑いに捕^とらわれていると
き、私たちの問いかけに耳を傾^{かたむ}けてください。

　私たちは期待どおりにあなたが答え、思いどおりに
願いをかなえてくださることを求めてしまいます。私た
ちの自己中心的な祈りを、どうぞ赦^{ゆる}してください。

神だけが導き手

この方こそ神、代々とこしえに我らの神。
神は、死を越えて、私たちを導かれる。

詩編 48:15

　誰もが御言葉を読むことができますし、福音は単純明快で、皆が理解できるものです。

　あなたと神との間には、誰一人入れる必要はありません。あなたにとって必要な霊的な導き手は、ただ神おひとりなのです。

神 が 勝 利 す る

イエスを告白しない霊（れい）はすべて、神から出ていません。これは、反キリストの霊です。…あなたがたは神から出た者であり、彼ら（かれら）に勝ちました。あなたがたの内におられる方は、世（よ）にいる者より大いなる者だからです。

ヨハネの手紙一 4:3-4

　終わりには必ず、善が勝利します。神が勝つのです。私たちの敵、サタンの運命が決します。
　神に導かれて歩む私たちの行く先（ゆく）は、神の国です。ハレルヤ！

愛する子として

神は…、キリストにあって私たちをお選びになりました。私たちが愛の内に御前で聖なる、傷のない者となるためです。…私たちをイエス・キリストによってご自分の子にしようと、前もってお定めになったのです。

エフェソの信徒への手紙 1:3-5

　神はご自分の民を解放することを願っておられます。神のために強制的に働かされる奴隷ではなく、愛するわが子として、私たちを迎えたいと思っているのです。

　ご自身の子どもたちを律法ではなく愛によって治めること、それが神の望まれることです。あなたも、神が愛してやまない神の子どもです。

12月12日

ただ主に頼る

見よ、この者は神を砦とせず

自分の豊かな富を頼みとし

自分を滅ぼすものを力としている。

詩編 52:9

　私たちは一時の慰めを得ることに汲々としています。「そんなことはない」ですって？　それは銀行口座に、あるいは車庫に入っていませんか。もしくは、その中に住んでいませんか。

　不確かなものではなく、主に頼りきって信仰に堅く立つことを、主は私たちに求めておられます。

正しいものの見方

主に感謝せよ。その慈しみと
人の子らになされた奇しき業のゆえに。
まことに主は渇いた魂を潤し
飢えた魂を良いもので満たしてくださった。

詩編 107:8-9

　正しいものの見方をすれば、ひとりでに感謝が湧いてくるものです。

　正しいものの見方とは何でしょうか。自分が持っていないものを欲しがるのではなく、持っているものに目を留め、感謝することです。

信 仰 を 捨 て な い

ここに、神の戒めを守り、イエスに対する信仰
を守り続ける聖なる者たちの忍耐がある。

ヨハネの黙示録14:12

　主は今に至るまであなたと共にいてくださいました。これからも、あなたを離れることはありません。

　あなたが信仰によって今いる場所まで来たのなら、状況が厳しくなっても信仰を捨ててはなりません。

私 た ち と 同 じ 人 々

アブラハムはひれ伏して笑い、心の中で言った。
「百歳の男に子どもが生まれるだろうか。九十
歳のサラが子どもを産めるだろうか。」

創世記 17:17

　聖書が信頼に足るものであることの一つの証拠
は、人の弱さ、目を覆うような出来事、登場人物の欠
点が、隠さずに描かれているということです。
　聖書に登場する人間の正直な姿を見てみましょう。
アブラハムは神を疑い、モーセは怒りに我を失い、ペ
トロは主を否みました。皆、私たちと何ら違わない人々
でした。

12月16日

正直な問い

主は偽りの唇をいとう。
真実を行う人を喜びとされる。

箴言 12:22

　神は、ご自身に対して正直に問いを発する人に背を向けることはありません。旧約聖書でも新約聖書でも、神の姿勢は一貫しています。

　偽ることなく、真摯な問いを神に投げかけましょう。神があなたから顔を背けることはありません。

心を開く

私の叫びに心を向けてください。

わが王、わが神よ。

私はあなたに祈っています。

詩編 5:3

　父よ、祈ることは、簡単なことではありません。私たちの言葉を聞いてくださるあなたの姿が、目に見えないからです。

　けれども私たちは、祈りが答えられることを、繰り返し経験してきました。それゆえ私たちは、いつも御前に出ます。祈りを通して、あなたに心を開きます。

主を否む罪

ペトロは呪いの言葉さえ口にしながら、「そんな人は知らない」と誓い始めた。するとすぐ、鶏が鳴いた。ペトロは、「鶏が鳴く前に、あなたは三度、私を知らないと言うだろう」と言われたイエスの言葉を思い出した。そして外に出て、激しく泣いた。

マタイによる福音書 26:74-75

仲間から受け入れられるために主を否んだことが、あなたにはありますか。もしあるならば、心から悔い改めて、主のところへ帰りましたか。そして、あなたを受け入れてくださる主の赦しを、胸いっぱいに味わいましたか。

苦 難 よ り 大 き な 神

このしばらくの軽い苦難は、私たちの内に働い
て、比べものにならないほど重みのある永遠の
栄光をもたらしてくれます。

コリントの信徒への手紙二 4:17

　父よ、苦難の時も背を向けずに私たちを支えてくだ
さるあなたに感謝します。自分が直面している苦難を
過小評価することなく、まっすぐに向き合うことができ
るよう、私たちを助けてください。
　そして、それでもなお、私たちが仕えている神の大
きさに比べれば、どんな苦難も小さなものだということ
を、私たちに分からせてください。

主の言葉に基づいて

イエス・キリストは、昨日も今日も、また永遠に
変わることのない方です。

ヘブライ人への手紙 13:8

　何かを決断する際には、時代の趨勢（すうせい）や多数意見、
為政者（いせいしゃ）のポピュリズムに流されて決めてはなりません。
　過去も現在も未来も永遠に変わらない、主の言葉
に基（もと）づいて決めましょう。

希望の灯

私の希望は神から。
神こそわが大岩、わが救い、わが砦。
私は揺(ゆ)らぐことはない。

詩編 62:6-7

　　希望が絶えるとき、私たちの命も絶え始めるのではないでしょうか。希望の灯(ともしび)がまだ光を失わず、可能性の火が消えないうちは、私たちは挫(くじ)けずにいることができます。

　　私たちの希望は神から。神こそ私たちの砦です。

命 の 言 葉

主よ、私たちは誰のところへ行きましょう。永遠の命の言葉を持っておられるのは、あなたです。

ヨハネによる福音書 6:68

　イエス・キリストの生涯は、神の希望と憐れみのメッセージです。この暗い世に輝く、命の言葉です。この主のほかに、私たちは誰のところへ行きましょう。

平和の原型

神は、御心（みこころ）のままに…

地にあるものも

天にあるものも

万物（ばんぶつ）を御子（みこ）によって

ご自分と和解させてくださったのです。

コロサイの信徒への手紙 1:19-20

神と人との間に平和がなければ、地上の平和は実現しません。詰（つ）まるところ、平和の原型はすべて天から来るものです。平和は、十字架を通して地を神と和解させた、主（しゅ）イエスから来るのです。

私たちも、神に従う者として平和の問題に真剣（しんけん）に取り組みましょう。

マリアを選ぶ神

私の霊は救い主である神を喜びたたえます。

この卑しい仕え女に

目を留めてくださったからです。…

力ある方が

私に大いなることをしてくださったからです。

ルカによる福音書 1:47-49

　神は、不安でいっぱいの、力も自信もないマリアをお選びになりました。

　御子の子育ては大変でした。救い主にはとても見えない子どもの寝顔を見ながら、マリアは「私は一体どうすれば」と考え込んでいたことでしょう。

　しかし力ある神は、マリアと共におられ、マリアの弱さをも用いられました。

暗闇に輝く光

私は世の光である。私に従う者は闇の中を歩まず、命の光を持つ。

ヨハネによる福音書 8:12

　博士の一人が空の星を見て仲間に叫びました。「暗闇に星が輝いている！　大きな美しい星だ。」

　星はまさに、主イエスの象徴です。主は暗闇に輝く星そのものだからです。主は罪深い人の間に生きましたが、罪に手を染めることはなく、罪の誘惑に遭っても負けませんでした。主は世の光です。この光を道しるべにするなら、私たちは闇の中を歩むことはありません。

私 宛 て の 招 待 状

神は、すべての人が救われて、真理を認識する
ようになることを望んでおられます。

テモテへの手紙一 2:4

　主イエスが「私のところに来なさい」とおっしゃると
き、主は、宗教や教派や特定の教義へと私たちを招い
ておられるのではありません。

　主の招きは、私たち一人一人を名指しで、神へ、救
いへと招くものです。

失敗を機会へ

神を愛する者たち、つまり、ご計画に従って召された者のためには、万事が共に働いて益となるということを、私たちは知っています。

ローマの信徒への手紙 8:28

　神は私たちの失敗を機会へと変えてくださるお方です。ダビデやパウロやペトロの人生を通して、神は繰り返し、このことを示してくださいました。

　あなたの人生にも、神は同じように働かれます。

休息の場

私の魂よ、休息の場に帰れ。

詩編 116:7

　休息の場は見つかりますか。責められることのない良心の在りかはどこでしょうか。毎晩、安らかな眠りに就くことを望みますか。自分自身と折り合いをつけて生きるには、どうしたらよいでしょうか。

　あなたを造られた天の父を知る喜びの内に、生きることです。

安全な道

あなたの神、主の戒めを守り、その道を歩み、主を畏れなさい。あなたの神、主は、あなたを良い地に導き入れようとしている。

申命記 8:6-7

　神のご計画に耳を澄ましましょう。自分の基礎を築き直しましょう。そして、祈りましょう。

　それが、人生の危機を安全に通り抜ける唯一の方法です。

共 に お ら れ る 神

私は、あなたがたをみなしごにはしておかない。

ヨハネによる福音書 14:18

　あなたは今、悪い癖を克服しようとしていますか。態度を改めようとしていますか。罪の意識から抜け出そうとしていますか。

　私たちの神は、「あなたをみなしごにはしておかない。あなたとずっと共にいる」とおっしゃった方です。神の力に頼りましょう。神の力は目に見えません。しかし本当に存在します。私たちは独りではないのです。

世の光

あなたがたは世の光である。山の上にある町は、隠れることができない。また、灯をともして升の下に置く者はいない。燭台の上に置く。そうすれば、家にあるすべてのものを照らすのである。そのように、あなたがたの光を人々の前に輝かせなさい。

マタイによる福音書 5:14-16

　神に愛されれば愛されるほど、私たちも人を愛することができます。神に赦されれば赦されるほど、私たちも喜んで赦します。神に忍耐強く取り扱っていただけばいただくほど、私たちも忍耐をもって人と関わることができます。私たちが与えられている恵みの賜物を、人にも与えていきましょう。